知られざる鉄道路線の謎

監修
杉山淳一

宝島社

はじめに

鉄道ファンであるか否かにかかわらず、ほとんどの人は鉄道や列車が好きだ。飛行機は苦手、クルマや船には酔ってしまう、という人もいる。とはいえ、鉄道が苦手という人はかなり少数派だと思う。

「鉄道も嫌だ。毎朝、通勤ラッシュでつらい思いをしているから」

という人も、特急列車に乗り、駅弁やお酒を楽しみつつ、温泉や景色の良いところへ行こう、となれば、「それもいいね」となるだろう。

日本に住む人にとって鉄道は身近な存在だ。2015年現在、JR各社の旅客営業路線の総延長は約2万㎞、他の民営鉄道会社や自治体の交通局、第3セクターを含めると2万7617㎞もある。2003年に沖縄でモノレールが開業したから、現在は47都道府県すべてに鉄道があり、路線網が形成されている。日本は、誰にでも鉄道を利用するチャンスがある国、鉄道の旅を楽しめる国といえる。

◆鉄道の知識があると盛り上がる

鉄道が身近な存在といえる理由はもうひとつ。私たちは日常的に鉄道の雑学を話題にしている。たとえば、ふだん通勤や通学で利用している路線に新型車両が走り始めたとき、

「今日、いつもと違う電車に乗ったよ」

という会話で盛り上がる。

最寄りの駅の話題も同様だ。

「品川駅の南側に〝北品川駅〟があるって不思議だよね」

楽しい話題や豆知識だけではない。不平や不満もあるだろう。

「京浜東北線と山手線は同じホームで乗り換えられるけど、オレンジ色の中央線と黄色の総武線の乗り換えは不便だよね」

「大江戸線の六本木駅って深すぎるよねぇ！」という感じ。

酒席で話題が途切れたとき、あるいは商談のきっかけとして、鉄道の話題は盛り上がる。お天気の話題よりは長持ちするはずだし、恋バナよりは気楽で、誰も不快にしない。

◆本書には、あなたが知らない鉄道路線の謎がある

本来、鉄道は「人や物を運ぶ道具」だ。しかし、鉄道の話題は多岐にわたる。車両の話なら科学や物理の知識が養われる。路線の話なら地理や歴史、あるいは政治の知識を得られる。鉄

道の情景は文学や映画でも使われている。鉄道は単なる道具ではなく、いまや文化の担い手ともいえる。

本書『知られざる鉄道路線の謎』は、多岐にわたる鉄道の話題の中から「鉄道路線」にテーマを絞っている。第一章は「鉄道路線の謎」が中心だ。〝JR編〟として「山手線の正式な起点と終点」という定番ネタから「関門トンネルのヒミツ」などのご当地ネタを集めた。〝私鉄編〟では、「名鉄本線がJRと線路を共有している区間」など、大手私鉄を中心とした話題を収録した。〝地下鉄編〟は「東京メトロ銀座線」の成り立ちに関するエピソード。政財界のダイナミックな動きを感じられるだろう。

第二章は「鉄道路線の雑学」。特定の路線にこだわらず、鉄道各社に共通な話題を紹介する。「鉄道とはなにか」「車両記号」という基礎編から「乱れたダイヤを復旧するワザ」など、技術的に高度な話題もある。

第三章は「鉄道路線の歴史」。日本で鉄道が開業して以来、リニア中央新幹線に向けた鉄道の歩み、その歴史的に重要な場面を紹介する。鉄道路線のなぜ？　のなかには、歴史的な要素もあるから、先にここを読んでもいいかもしれない。

さて、本書で知識を身につけたら、その知識を役立たせたい。

たとえば、初対面の相手と会話に困ったら、本書に収録した鉄道路線の話題を使う。

「通勤（通学）はどの路線ですか」

「ご実家の最寄り駅はどちらですか」

「近所にどんな列車が走っていますか」

などと話しかけてみる。同じ出身地や、旅した場所が出てきたら盛り上がるチャンス。知らない場所の場合は、どんな列車が走るか、どんな景色がオススメか、などと教えてもらう。美しい車窓、駅弁など、そこから話が広がっていく。


鉄道路線の知識は、老若男女共通の話題といえる。最近は女性の鉄道ファンもよく見かける。鉄道そのものには興味が無くても、鉄道路線から旅の話題に発展させると盛り上がる。これは営業マンの頃によく経験した。

恋バナに進む前に、軽〜く鉄バナ、試してみる価値はあるだろう。

杉山淳一

目次

知られざる 鉄道路線の謎

第2章

第3章

第1章

鉄道路線の謎ベスト50

JR編

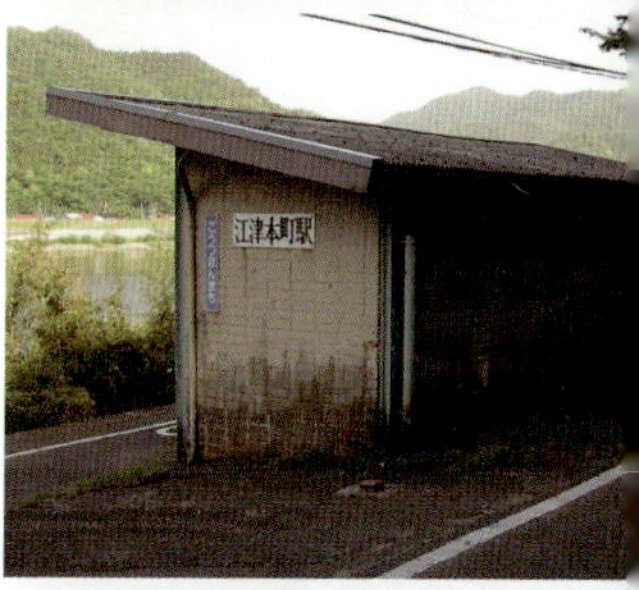

本書の路線図には主要な駅名のみ掲載している箇所があります。

山手線

品川～田端のみが本当の山手線だった!?

概要

開業
1885年
3月1日

駅数
29駅
（西日暮里～田町の12駅含む）

進行速度
最高90km/h

日本で一番有名な鉄道路線といえば、やはり山手線だろう。東京駅をはじめ、品川駅や渋谷駅、新宿駅、池袋駅など東京の主要な駅を経由してぐるりと一周。全部で29駅をちょうど1時間で走る〝環状線〟だ。国内には他にも大阪環状線など環状運転をしている路線はあるが、他路線との直通などが一切ないのは山手線だけ。最も本数が多い朝の7時・8時台には1時間約23本。2～3分に1本という超の付く過密路線でもある。まさしく山手線は、日本を代表する鉄道路線なのだ。

◆開業当初から正しい読み方は〝やまのてせん〟

この山手線について、時折話題になるのが読み方の問題。〝やまのてせん〟と〝やまてせん〟のどちらが正しいのか。これにはもちろん正解があり、正しい読み方は〝やまのてせん〟。開業前の路線開業申請では〝山ノ手線〟と記されており、実際に戦前の開業直後から〝やまのてせん〟と呼ばれていた。ただ、戦後になってGHQ（連合国軍最高司令官総司令部）がローマ字のルビで〝YAMATE〟と記したことで、一時期〝やまてせん〟と呼ばれるようになったようだ。今では正しい読み方である〝やまのてせん〟が一般的になっているが、これは1971年に国鉄が全国の路線名すべてにふりがなを振ったことがあり、この時に〝やまのて〟としたことがきっかけとされる。

◆山手線は〝品川～田端間〟だけ？

さて、そんな〝環状運転〟山手線だが、実は正式な路線名称としての山手線は一周していないということをご存知だろうか。正式な山手線の区間は、品川駅を起点に渋谷・新宿・池袋（つまり西側）を経由して田端駅まで。田端～東京間は東北本線、東京～品川は東海道本線というのが正しい路線名称なのだ。これは、同じ区間を走る路線の名称はひとつだけ、という原則があるため。田端～品川間には東北本線・東海道本線の他に京浜東北線も走っているが、これも正式な路線名とは違っている（ちなみに、代々木～新宿間は山手線であり、中央線はこの区間だけ分断されているということになる）。ただ、こうした説明はあくまでも〝路線の戸籍〟の話であって、一般の人にはわかりにくい。そのため、運転系統として環状運転をしている路線が山手線と呼ばれているのだ。

とは言え、完全に一周する環状運転をしているにもかかわらず、なぜ正式な路線名が〝山手線〟ひとつではないのだろうか。これは、山手線が環状運転になるまでの経緯に答えがある。

◆一時期は現在の中央線とも直通運転を実施

日本の鉄道は新橋〜横浜間から開業した。そして順次西へと路線を延ばしていき、現在の東海道本線が出来上がる。一方では北関東、そして東北方面と首都圏を結ぶ鉄道建設の必要性も高まっていた。明治日本の最大の輸出産業は生糸。その産地である両毛《りょうもう》地域から国際港のある横浜まで鉄道を敷設することで、効率的な輸出が可能になると考えられていたのだ。そこで、財界人たちが中心となって日本初の私鉄・日本鉄道を発足させる。日本鉄道は1883年に上野〜熊谷間を開業させたのを皮切りに、本庄、高崎、前橋と路線を延ばしていった。これは現在のJR高崎線だ。ただ、こうして路線を延ばしたはいいものの、都心部では上野止まり。これが上野が長らく〝北の玄関口〟と呼ばれる所以になったのだが、新橋以南に直接接続していないのはいかにも不便だった。

そこで新橋と上野を結ぶ路線を敷設する計画が立てられたのだが、その区間はもともと住宅密集地で用地買収に多大な費用と時間がかかると思われた。そのため、窮余の策として当時は

山手線の起点となる品川駅。実は、田端駅までの東側の駅は形式上、東北本線と東海道本線に乗り入れているという形になっている。

まだ人がほとんど住んでいなかった東京の西側を経由して品川と赤羽を結ぶ路線を建設したのだ。開業したのは１８８５年のこと。これで現在の山手線の品川〜池袋間が開業したということになる。続いて１９０３年には池袋駅から東へ分岐して田端駅付近で東北本線・高崎線と接続する路線が開業し、これで正式路線名としての〝山手線〟が全線開業したことになる。１９１４年には東京駅が開業し、１９１９年には現在の日本鉄道が国有化された後の中央線も開業。中野から中央線経由で東京、それから山手線に直通する「の」の字運転時代を経て、１９２５年になってようやく秋葉原駅が開業して環状運転を行うようになった。

　１８７２年に日本初の鉄道が開業した時、すでに後の山手線の新橋〜品川間は開通していた。それから約半世紀かけて、紆余曲折のすえにようやく環状運転の山手線は誕生したのである。そんな歴史を知れば、山手線一周の乗り鉄も、もっと楽しくなるかもしれない。

中央本線

中央本線諏訪湖付近の遠回り〝大八廻り〟はなぜできた？

概要

開業
1889年
4月11日

駅数
112駅

進行速度
最高130km/h

中央線――。サブカル感にあふれた沿線文化などで知られ、山手線と並ぶ知名度の高い鉄道路線のひとつだ。

ただ、東京で暮らしていると中央線は「東京から高尾までのオレンジの電車」というイメージになるが、正式には東京を起点に甲府を経由して塩尻までの中央東線と、塩尻から名古屋までの中央西線から構成される営業距離約400㎞に及ぶ長大路線だ。塩尻駅を境界として東線はJR東日本、西線はJR東海の管轄で、東京の人が〝中央線〟と呼んでいるのは、その中のごく一部区間のみということになる。

◆ひたすら直線が続く線路の謎

これだけ長い路線だと、気になるところも多い。例えば、東中野駅付近から立川駅付近まで約22㎞に及ぶひたすら長い真っ直ぐな線路。〝なぜ真っ直ぐなのか〟は中央線の謎のひとつとして取り上げられることが多い。

その答えとして、人口の多かった甲州街道沿いは住民たちによって「蒸気機関車の煙が農作物に害を及ぼす」と言われたために断念して、荒野が広がっていた現在の場所に作ったというものがある。しかしこれは全国に伝わる〝鉄道忌避伝説〟の一例。実際には後に京王線が建設されているように、鉄道が忌避されたという事実はない。また、中央線を建設した甲武鉄道は、東京の中心部と八王子、甲府を結ぶことが目的で、途中駅への関心が薄かったために建設コストも手間もかからない直線路線にしたという説もある。

結局答えは出ないのだが、〝なぜそのルートになったのか〟は中央線に限らず資料が残っておらず、明確な正解を見つけることは難しいのだ。ただ、地形や当時の沿線の状況を考えれば、後者の説が一番現実的と言えそうだ。

◆沿線文化を生み出した〝中央線三寺〟の秘密

さて、そんな〝真っ直ぐな中央線〟の中には、〝寺〟が付く駅がなんと4つもある。高円寺・吉祥寺・国分寺・西国分寺。最後の西国分寺駅は国分寺駅のひとつ西にあり、武蔵野線との接続のために後からできた駅なので横に置くとしても、中央線にはお寺が3つ。1970年代には〝中央線三寺〟などと言われていた。ただ、この三寺の中で実際に寺があるのは高円寺だけだ。高円寺駅の南東には実際に高円寺という寺がある。鷹狩りに訪れた三代将軍徳川家光が度々《たびたび》立ち寄ったという由緒のある古寺。高円寺という地名も家光によって付けられたと伝えられている。

では、残る2つの寺はどうなのか。国分寺はもちろん聖武《しょうむ》天皇の詔で各地に建立された国分寺に由来しており、近隣には武蔵国国分寺跡がある。まったく寺とは無縁なのは吉祥寺だ。吉祥寺はかつて現在の水道橋駅近くにあったが明暦の大火で焼け出され、門前町だけが五日市街道沿いのこの地に移転してきたのが始まり。つまり、今も昔も吉祥寺に吉祥寺という寺はないということになる。ちなみに、由来になった寺の吉祥寺は現在駒込の地で健在だ。

◆政治家の働きでできた？　辰野経由の大八廻り

最後にもうひとつ、高尾以西のローカルな中央〝本〟線からもトリビアを紹介しよう。路線図を眺めていると、諏訪湖畔の岡谷《おかや》駅を出ると直線で塩尻まで向かう路線と大きく南に迂回《うかい》して辰野《たつの》駅を経由する路線があることがわかる。辰野経由の路線は中央線の支線で、直線で塩尻に向かう路線が本線となっている。ただ、1983年に直線ルートの大半を占める塩嶺トンネルが開通するまでは辰野経由しか存在していなかった。

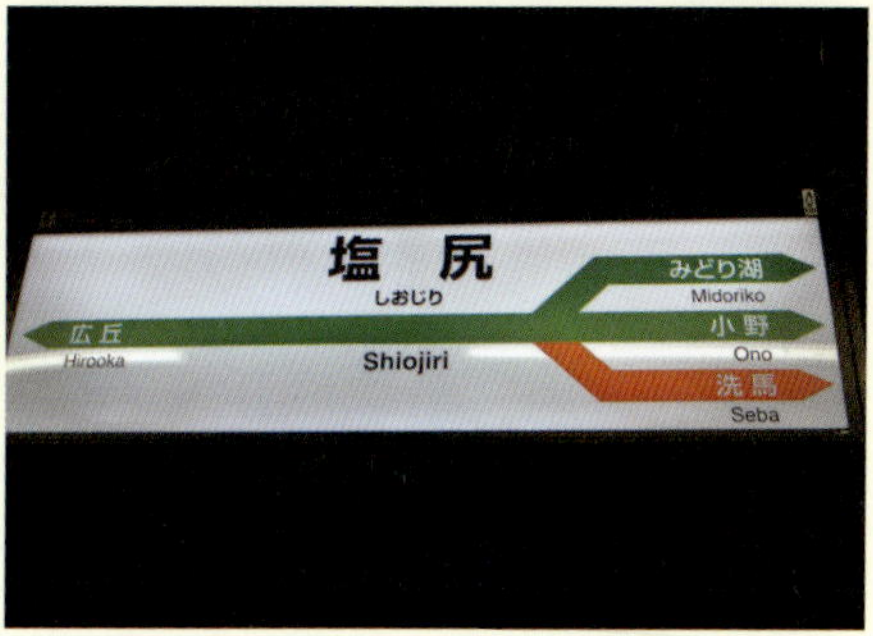

塩尻駅の駅名標では、小野駅に向かう〝大八廻り〟ルートが示されている。

この辰野経由のルートは通称で〝大八廻り《だいはちまわ》〟などと呼ばれる。中央線建設当時、伊那地方出身の代議士・伊藤大八の働きかけで路線が辰野経由の大回りになったからというのが通説だ。そこから〝大八廻り〟という名で呼ばれるようになったのだが、実際はどうやら違うらしい。

1906年の開業当時、塩尻峠を越えるための約6㎞のトンネルを掘削するだけの技術力は持ち合わせていなかった。糸魚川静岡構造線（フォッサマグナ）を跨《また》ぐという難工事でもあった。さらに、仮にこれだけのトンネルを掘削したところで蒸気機関車が中心の時代、長いトンネルに煙を吐きだすSLはふさわしくなかった。そこで、この難関塩尻峠を迂回するために辰野経由になったというのが信憑性が高い説。〝真っ直ぐ〟の秘密と同じように、鉄道のルート決定の謎には、なかなか深いものがあるのだ。

東北本線

日本一の複線区間 上野～日暮里が生まれたワケ

東京の北の玄関口、上野駅。東北地方を縦断する東北本線の出発駅。今では黒磯駅までを宇都宮線などと呼んでいるけれど、それは運行系統上の路線名で、正確には盛岡駅までが東北本線となっている。そして、上野駅はまさしく東北行き列車のスタート地点だったのである。かつては東北地方からの集団就職列車が多数発着していたこともあったし、帰省シーズンには列車のきっぷを求める人たちのための〝テント村〟が駅前にできたりしていた時代もあった。

　ところが今では定期の特急列車はなくなり、上野始発の新幹線も姿を消し、そして2015年3月に上野東京ラインが開通すると、上野駅の北の玄関口としての印象はすっかり薄くなってしまった。

概要

開業
1883年
7月28日

駅数
150駅
（支線、貨物駅含む）

進行速度
最高120km/h

ただ、肝心の東北本線、その起点駅は最初から上野ではなくて、東京駅だというのをご存知だろうか。さらに、上野東京ライン開通で〝初めて東海道本線と東北本線が直通した〟と思っているかもしれないが、それも間違い。1980年代まで、東京駅発で東北本線を走破する急行「十和田」が走っていたり、名古屋～青森間を結ぶ臨時急行「あおもり」なども今の上野東京ラインを通っていたという歴史があるのだ。

◆日本初の私鉄によって建設された東北本線

もちろん、東北本線の東京～上野間は長年不遇な状況に置かれていたのは事実だ。東北本線は東北地方や北陸、九州など全国各地に鉄道を敷設する計画のもと発足した日本鉄道の手で作られた。日本鉄道は日本初の私鉄で、高崎線や常磐線なども建設している。岩倉具視《いわくらともみ》や最後の尾張藩主徳川慶勝《よしかつ》らが設立に関わった〝半官営〟のような鉄道会社ではあったが、国の財政が厳しい折、関東・東北にも鉄道が走りだしたのは、この日本鉄道の功績によるところが大きかった。

先行して現在の高崎線が開業し、その後大宮駅から分岐する形で青森に向かって少しずつ延伸していった。それが今の東北本線だ。ただ、この時点での起点はまだ上野駅。その後、秋葉原まで延伸するが、1883年の東北本線開業時は貨物列車のみだった。それから40年後の

1925年になって山手線環状運転が始まってから、ようやく東京〜上野間に旅客線が走り始めたのだ。

◆トレインビュースポットとして有名

起点だけをとってもこれだけややこしい東北本線。上野より北の区間でも話題は豊富だ。ひとつは上野〜日暮里間。この区間は東北本線に加えて上野発の常磐線、さらに山手線と京浜東北線という4つの路線が平行して走っている。これを鉄道の言葉では〝四複線〟と呼ぶのだが、駅近くの陸橋の上から眺めるこの四複線はなかなか壮観。山手線や京浜東北線、さらに小田原方面から直通してくる湘南色の帯をまとった上野東京ラインの列車、寝台特急「カシオペア」や成田エクスプレス、特急「ひたち」「ときわ」などなど……。多数の列車をまとめて楽しむことのできるスポットでもあるのだ。

◆住民の街を守る気持ちが通じた仙台の迂回ルート

東北本線の駅の中で、首都圏以外で最も大きな駅は宮城県の中心・仙台駅。仙台城の東に位置し、仙台の繁華街ともほど近い〝好立地〟の駅だ。ただ、路線図を見れば仙台駅を含む長町〜東仙台間で大きく迂回していることがわかる。この迂回区間は貨物列車専用の宮城野貨物線

写真：SHARU - SHARUCC

上野～日暮里間にある日本一の複線区間。これだけ平行して列車が走っているのは東京ならではの風景だ。

が直線で結んでいるが、なぜか仙台駅は遠回りした場所に作られたのだ。これにははっきりとした理由がある。

　もともとの計画ではこんな迂回ルートではなく、宮城野貨物線のように直線で結ぶ予定だった。予定通りならば仙台駅は今よりももっと東側に作られていたのだ。ただ、その計画に反対の声を上げたのが仙台市民。「駅が市街地から遠く離れた場所に作られると、伊達《だて》政宗《まさむね》公以来栄えてきた仙台の城下町が廃《すた》れてしまう」と、日本鉄道に対して費用負担まで持ちかけてルートの変更を迫ったのだ。

　当時はまだ鉄道の有用性が一般庶民にまで浸透しているとは言いがたい時代で、用地の問題なども相まって市街地から離れた場所に駅が作られることが多い中、仙台は市民が市街地への駅設置を求めた実に稀有《けう》な例ということになる。実際に市民の思いのとおりに駅は市街地近くに作られた。そして、それから１２０年以上たった今でも仙台駅は仙台城下町の玄関口として多くの人たちで賑《にぎ》わっているのだ。

東海道本線

開業当時の横浜駅と新橋駅は今とは違う場所だった!?

概要

開業
1872年6月12日

駅数
181駅(一部支線、貨物駅含む)

進行速度
最高130km/h

東京と大阪。日本の二大都市を結ぶ大動脈。日本の鉄道の開業以来、いつの時も鉄道の中心であり続け、多くの先進的な車両がデビューした東海道本線――。東京～神戸間を結ぶ東海道本線は、1872年に新橋～横浜間で日本の鉄道が誕生してから今に至るまで、日本を支え続けた我が国の鉄道の〝顔〟である。

◆今とは違う場所にあった新橋と横浜

と、こうして東海道本線の歴史は語られる。ところが、実際に1872年に開業したのは新橋でも横浜でもない。もちろんその時は新橋駅と横浜駅として開業しているが、今の新橋・横浜とはまったく違う場所にあったのだ。よく知られているのは新橋駅。かつて広大な貨物ヤードが広がり、今はカレッタ汐留《しおどめ》や日本テレビになっているあたりが1872年の新橋駅だった。ビル群の谷間には、開業当時の新橋駅を模した展示施設も設けられている。ただ、その旧新橋駅は東海道本線が新橋以北（要は有楽町、東京）に延伸する際に新たに設置された〝烏森駅《からすもり》〟に役割を奪われ、最終的には名前すらも奪われてしまう。そして貨物専用の汐留駅となり、今は跡形もなくなった。

一方の横浜駅。こちらは跡形がきっちり残っている。1872年の横浜駅は、今の桜木町駅の位置にあったのだ。そのため、1887年に横浜駅以西が開通すると、新橋方面から直通する列車は横浜駅でスイッチバックをして方向を転換していた。その後横浜駅を経由しない現在の東海道本線のルートが完成するが、これによって〝横浜飛ばし〟が発生。それを避けるため、現在の横浜駅近くに平沼駅が設置されるということもあった。ただ、それでも結局横浜の人たちの不便さを解消することはできず、横浜駅を現在地に移転。1872年の横浜駅は1915年に桜木町駅となり、今に至っている。

◆一歩間違えれば東海道本線はなかったかも⁉

このように開業当時と比べると少し変化のあった東海道本線の新橋～横浜間。もちろん走っているルートなどは今と変わっていないけれど、街の様相は一変している。まだ鉄道など知られていない時代に作られたわけで、沿線住民からは多くの反対運動があったという。そのため、人口の多い地域は避けて新橋～横浜間の3分の1程度は海の上に築堤を設けてそこに線路を敷設する方式で建設している。

さて、1872年の開業以来、西へ西へと線路を延ばしていくことになるのだが、そのルートにも実は紆余曲折があった。大阪側では東京側とは別に鉄道の建設がスタートし、その両者を結ぶ鉄道を建設することになった。この時にルートとして検討されたのは東海道と中山道《なかせんどう》の2つ。1883年には高崎線の建設が決まっていたことを受けて、これに接続する中山道ルートに決定している。つまり、この時の計画通りに事が運んでいたら今の東海道本線の隆盛はなかったのだ。しかし、中山道ルートは工期と工費がかさんでしまうという問題があり、結局1886年に東海道ルートに変更されている。

こうして東海道をひたすら西へ向かって東海道本線は延びていったのだが、江戸時代のいわゆる〝五街道〟である東海道は、名古屋から岐阜方面ではなく鈴鹿山脈を超えるルートをとっている。しかし、鉄道の東海道本線は岐阜・滋賀を経由する。これは、中山道ルートの一部としてすでに大垣～長浜間が完成していたから、というのが理由である。

ちなみに、この頃は長浜駅から大津駅までを、琵琶湖をゆく鉄道連絡船で結んでいた。その後、青函《せいかん》連絡船や宇高《うこう》連絡船のように鉄道と一体化した航路は当たり前の存在になるが、東海

現在は跡形もなくなっている、新橋駅の駅舎を描いた浮世絵。

道本線の一部を構成していた琵琶湖の連絡船がそのハシリということだろうか。

◆多くの名列車が駆け抜けた東海道本線

全通してのち1895年に山陽本線（当時は山陽鉄道）との相互直通運転が始まり、日本で初の特急列車も東海道・山陽本線を走った。戦後になっても1956年に初の電車特急「こだま」が東海道本線を駆け抜けて話題を呼んだ。

しかし1964年に東海道新幹線が開通すると、長距離輸送を担う存在としての東海道本線の影は徐々に薄くなっていく。ただ、そのまま存在感が薄くなっていっただけかと言うと、そんなことはない。長距離旅客輸送は新幹線に譲ったけれど、現在も貨物列車が多く走り、日本の物流の根幹と言えるまだ。沿線の都市を結ぶ地域輸送のニーズも、相変わらず高いままだ。日本初の鉄道だった東海道本線は、今も昔も〝日本の鉄道の顔〟であり続けているのだ。

武蔵野線

京王・西武・東武……私鉄との接続が超不便な理由は？

概要

開業
1973年4月1日

駅数
29駅
（西船橋駅含み、支線の駅および鶴見駅を除く）

進行速度
最高95km/h

首都圏の外側をぐるりと回るように走る武蔵野線。朝晩のラッシュ時には多くの通勤・通学客で混雑している。ただ、そんな利用者の間で不満の声が上がっているのが、他路線との接続の不便さだ。

◆謎の答えは路線建設の経緯にあり

武蔵野線は、私鉄各線では西武池袋線（新秋津《あきつ》・秋津）、東武東上線（北朝霞《あさか》・朝霞台）、東武伊勢崎線（南越谷《こしがや》・新越谷）などと接続している。しかし、これらの乗り換えはすべて徒歩連絡となっていて、同じ駅舎の中で乗り換えることができない。特にひどいのは西武池袋線との接続で、10分近く路地を歩かされることになるのだ。一体どうしてここまで不便な

新秋津駅では、なかなかの距離を移動する経路が描かれた案内板が掛けられている。

状況になってしまったのだろうか。

その答えは、武蔵野線建設の経緯にある。武蔵野線は1973年4月1日に開業したが、当時の主な役割は貨物輸送だった。現在、湘南新宿ラインや埼京線が走っている山手貨物線の代替路線として建設されたのだ。そのため、旅客の利便性は二の次。そもそも市街地を避けるルートが選ばれている。駅も事前に計画されたというよりは〝交差しているから作ろう〟といった程度のものだったという。その頃は沿線人口も少なかったため、それでも大きな問題ではなかった。

その後、沿線人口増加と貨物列車需要の低下に伴って旅客列車の運転本数が増え、利用者も大きく伸びた。その結果、〝乗り換えが不便な武蔵野線〟という印象が定着してしまったのだ。

とは言え、そもそも貨物列車のために作られた武蔵野線。そう思えば、多少の乗り換えの不便さも我慢できるような気がするのだが、どうだろうか。

相模線

実はこっちが〝相模鉄道〟だった……!?

横浜駅と海老名駅を結ぶ私鉄、相模《さがみ》鉄道本線は、神奈川県民にとって馴染み深い鉄道路線のひとつだろう。ただ、この鉄道会社と同じ神奈川県の旧国名を取った鉄道路線がＪＲにもある。茅ケ崎《ちがさき》駅から相模川沿いに北上して橋本駅までを結んでいる相模線だ。相模線と相模鉄道。この２つには、切っても切れない深い関係があった。

◆戦争に翻弄された相模鉄道

ＪＲ相模線が開業したのは１９２１年。茅ケ崎～川寒川《かわさむかわ》間からその歴史がスタートし、全線開業は10年後の１９３１年だった。この相模線、実は、建設したのは現在の相模鉄道だった。その後、１９４３年になると、相模鉄道は横浜～海老名

概要

開業
1921年
9月28日

駅数
21駅
（支線、貨物駅含む）

進行速度
最高85km/h

起点の茅ヶ崎駅に向かう相模線の列車。国の政策に翻弄された路線のひとつだ。

間の路線を開通させていた神中《じんちゅう》鉄道を吸収合併する。

しかしその後、戦時体制下で軍事上重要性のある鉄道路線が次々に国有化された時代、東海道本線と中央本線を結ぶバイパスとなりうる相模線は、1944年に国有化されてしまった。相模鉄道が神中鉄道を合併してからわずか1年後のことである。

こうして決まった枠組みは戦後も変わることなく、相模線は日本国有鉄道に継承され、長らく非電化の錆《さ》びついたローカル線のまま残される。対して相模鉄道本線（神中鉄道建設）は、地元財界の支援なども受けて大きく飛躍。国鉄分割民営化時には相模鉄道が相模線を譲受するという話もあったがまとまらず、相模線はJR東日本に継承された。

本来自社が作ったはずの路線を手放して、合併した他社が作った路線で羽ばたいた相模鉄道と、誕生時の母体を失って電化は果たしたものの、いまだにローカル線のままの相模線。その命運を分けたのは、戦争だったのだ。

上越線

『雪国』で描かれた清水トンネルと日本一のもぐら駅

概要

開業
1884年
8月20日

駅数
36駅
（支線含む）

進行速度
最高120km/h
（優等列車）

『国境の長いトンネルを抜けると雪国であった。夜の底が白くなった。信号所に汽車が止まった――』

有名な川端康成『雪国』の冒頭の一節だ。ここで描かれる〝長いトンネル〟が、現在のJR上越線の清水トンネルのことであることはよく知られている。

◆鉄道史を象徴する難工事

首都圏から新潟へは、1982年に上越新幹線が開通するまで、在来線の上越線を使うしかなかった。それは、文豪・川端康成も同じこと。清水トンネルは上越国境にそびえる清水峠の下を通り抜ける全長9702mの長大トンネルだ。開通したのは1931年。この清水トンネルが開通するまで、

下りホームから駅舎に行くためには、462段の階段を登らねばならない。鉄道ファンなら一度は訪れたい名物駅。

東京と新潟を結ぶのは難所・碓氷峠を含む信越本線経由しかなく、かなりの遠回りを強いられていた。それがこの清水トンネル開通で一気に98㎞も短縮することに成功したのだ。

ちなみに、川端康成の『雪国』。揚げ足取りのような豆知識だが、冒頭に登場する信号場は現在の土樽《つちたる》駅。さらに、〝汽車〟という表現があるが、これは間違い。実際には蒸気機関車ではなく電気機関車が用いられていた。約10㎞に及ぶ長いトンネルを、煙をモクモク吐き出して走るのはさすがに問題があり、開通時から電化されていたのだ。

この清水トンネル開通から約30年後の1967年には、上越線複線化工事に伴って並行する新清水トンネルが開通している。この新清水トンネルの途中にあるのが〝日本一のもぐら駅〟で知られる土合《どあい》駅。上りホームは地上にあるが、下りホームがトンネル内にあり、10分前後かけて階段を降りないとホームまでたどり着くことができない。鉄道ファンなら一度は訪れておきたい珍駅のひとつと言えるだろう。

大船渡線

謎の大迂回は〝我田引鉄〟の典型例

概要

開業
1925年7月26日

駅数
30駅
（バス高速輸送システム区間の新設5駅含む）

進行速度
最高85km/h

大正時代、原敬《はらたかし》という総理大臣がいた。数々の経歴に彩《いろど》られた政治家だが、鉄道国有化を推進し、鉄道院総裁を務めるなど、鉄道の歴史の中でも欠かせない人物となっている。その原敬、〝鉄道を使った利益誘導〟を盛んに行ったことでも有名。自らが率いた立憲政友会の議席を伸ばすために、「投票してくれたら鉄道を作るよ」と言って回ったのだ。そして生まれたのが岩手県の一ノ関《いちのせき》～盛《さかり》間を結ぶ東北のローカル線・大船渡《おおふなと》線だ。

◆原敬の〝利益誘導〟で生まれた迂回ルート

地図で大船渡線のルートを眺めると、岩手県内陸部の陸中《りくちゅう》門崎《かんざき》～千厩《せんまや》間が大きく北側に迂回しているのがわかる。この

ドラゴンレールの愛称にちなんだ列車〝快速「ドラゴンレール号」〟。

謎の迂回ルート建設の影に、原敬と立憲政友会が潜んでいるのだ。かねてから岩手県内陸部と気仙沼《けせんぬま》・大船渡を結ぶ鉄道路線の計画はあった。当初の計画では、陸中門崎からまっすぐ千厩に抜けるルートだった。ところが、鉄道路線誘致を旗印に掲げて選挙活動をしていた原敬率いる立憲政友会は、迂回ルート沿線出身の候補者に「摺沢《すりさわ》方面を経由して直接大船渡に向かうルートを作る！」と宣言させた。その結果、大船渡線は大幅なルート変更を強いられたのだ。その時変更された計画では、摺沢から直接大船渡へ向かう計画だったという。ただ、次の選挙で政友会と対峙《たいじ》する憲政会が勝利すると、「政友会ルートのままは許さん！」と千厩経由に再び戻される。こうして〝政治のおもちゃ〟になった結果、大船渡線は大迂回ルートを通ることになってしまったのである。

　ちなみに、この迂回ルートを含む線形が竜に似ていることから、現在大船渡線には〝ドラゴンレール大船渡線〟という愛称が付けられている。

根室本線

北の大地を8時間半も走る！日本最長距離運行の普通列車

北海道の滝川駅から帯広・釧路を経て根室へと向かうＪＲ北海道根室本線。札幌から千歳線・石勝線経由で帯広や釧路へと向かう特急「スーパーおおぞら」「スーパーとかち」が運行されているが、その他の区間ではワンマン運転の普通列車だけが走る、いわば〝壮大なローカル線〟のひとつだ。

◆8時間27分、308㎞も乗りっぱなし！

この根室本線の壮大さを物語るのが、〝日本一運行時間の長い普通列車〟。滝川駅を9時36分に出発すると、富良野《ふらの》・新得《しんとく》・帯広・池田などの途中駅を経て、終点の釧路に到着するのはなんと夜の18時3分。実に8時間27分に及ぶ長旅である。運行距離は308・4㎞。これももちろん日本一の記録

概要

開業
1900年12月2日（十勝線）
1901年7月20日（釧路線）

駅数
68駅

進行速度
最高120km/h

雄大な自然の中を走り続ける根室本線の景観は、日本の中でも屈指の絶景だ。

だ。2015年3月14日までは、山陽本線岡山～新山口間約316㎞を走破する列車があったが、ダイヤ改正で消滅。根室本線こそ日本で一番長い距離を同じ列車に乗りっぱなしで旅できる路線になったことになる。

ただ、実は歴史を振り返れば長距離の普通列車はそれほど珍しいものではない。特急、急行列車の運行本数も少なかった時代では、数百㎞を走り通す普通列車に乗っての旅も当たり前だった。新幹線の登場や特急網の整備で普通列車は長距離ではなく短距離の〝地域輸送〟に特化していき、根室本線のような例はほとんど見られなくなってしまった。

根室本線の他のトピックなら、やはり〝日本最東端〟。終点の根室駅のひとつ手前、東根室駅は駅前に〝日本最東端の駅〟の碑も建っている。北海道の中心部を東西に抜けていく壮大な路線・根室本線。長距離普通列車に乗って釧路に向かい、約50分後の根室行普通列車に乗り換えて日本最東端へ……。そんな鈍行の旅もおもしろいかもしれない。

室蘭本線

鉄道も道路も〝直線日本一〟は北海道にあった！

直線が続く鉄道路線といえば、中央線を思い浮かべる人が多いかもしれない。東中野駅から立川駅まで約21・7kmも一直線に走り抜ける。ただ、上には上がいるもので、北海道には28・736kmの長い直線路線が存在している。

◆雄大な大地だから可能な直線距離

その鉄道路線とは、JR北海道室蘭本線。室蘭本線は長万《おしゃまん》部《べ》から海沿いを走って室蘭・登別・苫小牧《とまこまい》を経由し、苫小牧からは内陸に入って岩見沢まで向かう路線だ。そのうち長万部～沼ノ端間は函館本線・千歳線とともに〝海線〟（ニセコ・小樽を経由する函館本線の〝山線〟との対比）と言われ、札幌と函館を結ぶ大動脈となっている。「北斗」「スーパー北斗」

概要

開業
1892年8月1日
（北海道炭礦《たんこう》鉄道）
1923年12月10日
（官設鉄道長輪線）

駅数
48駅（貨物線含む）

進行速度
最高120km/h

沼ノ端駅近くの日本一直線区間を車内から撮影。もはや架線がトンネルのように見え、遠くが霞んで見える。

などの特急列車をはじめ、貨物列車も多く行き交う北海道の鉄道網最重点区間とも言える。

そして、日本一の直線区間はその大動脈の中間あたりにある。白老《しらおい》駅と社台《しゃだい》駅の中間地点付近からはじまり、千歳線と分岐する沼ノ端駅までが、約28・7㎞の直線になっているのだ。白老、社台と聞くと、競馬ファンはおそらく色めき立つことだろう。そう、白老駅はステイゴールドやオルフェーヴルなど数々の名馬を生産した白老ファームの最寄り駅。そして、この直線区間はちょうど白老ファームのあるあたりからはじまっている。競走馬の卵たちが草をはむ横から苫小牧の工業地帯へと向けて、列車は直線を走り抜けるのだ。

なお、北海道にある直線日本一は鉄道だけではない。道路でも国道12号線美唄《びばい》市付近〜滝川市付近が約29・2㎞で日本一。鉄道が室蘭から苫小牧にかけての太平洋沿いにあるのに対して、道路は内陸部。いずれにしても、北海道がいかに雄大な大地であるかを教えてくれる。

身延線

富士~富士宮だけ複線なのは理由があった！

富士山頂を挟んで南北に接する静岡県と山梨県。この両県を結んでいる鉄道路線が、JR身延《みのぶ》線だ。身延線は東海道本線の富士駅を起点に、富士山麓西側の富士川沿いを北上していって中央本線の甲府駅までを結ぶ。

概要

開業
1913年
7月20日

駅数
39駅

進行速度
最高85km/h

◆複線化にはあの宗教が関係!?

全線にわたって特急「ふじかわ」も運行されており、静岡・山梨間の大動脈を担っている路線なのだが、その特急「ふじかわ」、富士駅では進行方向を変更する〝スイッチバック〟をしている。実はここに、身延線を象徴するある歴史があった。

身延線富士宮駅の近くには、日蓮正宗総本山の大石寺《たいせき》が鎮座している。この大石寺には今も毎年多くの日蓮正宗《にちれんしょうしゅう》の信徒

特急「ふじかわ」は、富士駅からさらに静岡駅まで乗り入れ、東海道新幹線と接続する。

が参拝に訪れているが、かつて創価学会が日蓮正宗の門下にあったころは、多数の団体臨時列車が仕立てられ、身延線を経て大石寺に参拝していた。その臨時列車は通称〝創臨〟とも呼ばれ、特に首都圏からは非常に多くの富士宮行き臨時列車が走っていた。そのため、当時の国鉄は単線だった富士〜富士宮間の線路容量を増やすべく、複線化工事に踏み切った。

この複線化工事は1969年に富士〜入山瀬《いりやませ》間から完成したのだが、この時に首都圏方面から身延線へとスムーズに列車が入れるよう、富士駅での分岐器の方向も変更。これによって、現在のように静岡方面からの直通にはスイッチバックが必要な構造となったのだ。つまり、現在の「ふじかわ」のスイッチバックと富士〜富士宮間の複線化は創価学会のおかげ、ということになる。ただ、その後1991年に創価学会が日蓮正宗から破門されると首都圏からの団体臨時列車はほとんど設定されなくなり、今では東海道本線首都圏方面から身延線に直通する列車は1本も走っていない。

山陽本線

関門トンネルを結ぶ2本の線路 実は複線ではなくて単線？

概要

開業
1888年
11月1日

駅数
129駅
（貨物駅含む）

進行速度
最高130km/h

神戸駅から中国地方を一路西へ向かって関門《かんもん》海峡を渡って門司《もじ》までを結ぶ山陽本線。昔からの日本の大動脈である。そんな山陽本線は、東海道本線が全線にわたって国の手によって建設されたのに対し、全線が「山陽鉄道」という私鉄によって建設されている。国鉄の仲間入りをしたのは1906年、鉄道国有法によって全国の私鉄が国有化された際に山陽本線となったという歴史を持っている。

◆どちらの方向にも走れる〝単線並列〟

現在では関門海峡の関門トンネルを通って門司まで通じているが、1901年までは関門海峡手前の下関駅までだった。関門海峡を渡る長大な鉄橋や海底のさらに下を掘るト

海底トンネルの入り口は2つあるが、どちらも上り・下りでの運行が可能という珍しい路線。

ンネルは、当時の技術ではかなり困難だったのだ。その後、１９３６年に関門トンネルの工事が始まり、１９４２年に下り線、１９４４年には上り線が開通している。これは世界初の海底トンネル。戦争まっただ中でも建設が続けられたのは、東京から九州までが１本の線路で結ばれることが、軍事輸送という観点でも大きな意味を持っていたからだ。

さて、この関門トンネルだが、上り線用と下り線用がそれぞれあるため、事実上〝複線〟として運用されている。ただ、他の複線とは少々違う事情がある。それは、一般的な複線は片方向しか進行できないようになっているが、この関門トンネル区間は双方向の進行が可能なのだ。いわば、単線の線路が２本並んでいるような形で、〝単線並列〟とも呼ばれている。保守点検などで片方の線路が使用できない時には、上り・下り両方の列車とも、ひとつの線路を走らせることができるのだ。運用開始から70年以上が経《た》つ関門トンネルの保守を効率的にすすめるため、こうした工夫がなされているのである。

支線は除いています。

総武線

秋葉原駅が三層構造になっているわけとは？

概要

開業
1894年
7月20日

駅数
49駅
（貨物駅の金町駅を含む）

進行速度
最高130km/h

総武線は、首都圏で暮らす人にとって身近な路線のひとつだが、住む場所によってイメージは異なる。例えば中央線沿線に住む人には〝各駅停車〟のイメージが強いだろうし、神奈川県在住ならば横須賀線と直通運転をしている総武快速線を思い浮かべるだろう。さらに、千葉県北東部に暮らしている人にとっては、時折特急が走るだけのただのローカル線だ。

◆後から作られた総武線が三層構造を生んだ

このようにさまざまなイメージを持つ総武線だが、正式な区間は東京〜銚子間。各駅停車として走っている御茶ノ水〜三鷹間は〝総武線から中央線に乗り入れている〟というのが正確なところだ。そして、この乗り入れ時に経由する御茶ノ

ホームから線路を眺めると、かなりの高層に線路が敷かれていることが、周囲のビルからわかる。

水〜錦糸町は〝総武本線の支線〟という扱いになっている。

この支線扱いの御茶ノ水〜錦糸町間がなかなか興味深い。御茶ノ水駅では同一方向の総武線・中央線が同じホームで乗り換えられる〝方向別複々線〟になっており、御茶ノ水駅を出ると立体交差を経て秋葉原駅へと向かっていく。秋葉原駅では、南北に山手線・京浜東北線が走り、その上空を総武線が横切っている。つまり、秋葉原駅は2階部分が山手・京浜東北線、3階が総武線という複雑な構造になっているのだ。

秋葉原駅は1890年に貨物取扱所（貨物駅）として開業し、1925年に旅客営業が開始された。この時既に旅客線が高架で建設されていたため、1932年になってから開通した総武線御茶ノ水〜両国間は、さらに高層に設置された。いわば、駅の上に駅を作るということで、強度を確保するために総武線秋葉原駅全体を〝鉄橋〟にするなど、当時にしては難しい工事に挑んでいる。ちなみに、国鉄駅初のエスカレーターが設けられたのも総武線の秋葉原駅だった。

肥薩線

ループ線にスイッチバック見どころ盛りだくさんの路線

八代《やつしろ》駅から隼人《はやと》駅までを結ぶJR九州の肥薩《ひさつ》線は、鉄道ファンにとって馴染み深い路線のひとつだ。路線そのものは山間部を走るローカル線。特に人吉《ひとよし》〜吉松《よしまつ》間は1日5往復だけという超のつく閑散路線となっている。しかし、日本三大車窓のひとつに数えられる〝矢岳越《やたけご》え〟や大畑駅付近のループ線でのスイッチバック。さらに人吉駅までは「SL人吉」が運行されているなど、ローカル線でありながら九州を代表する〝観光路線〟でもあるのだ。

◆かつては〝九州の大動脈〟だった

そんな肥薩線だが、かつては九州の大動脈である〝鹿児島本線〟だった時代がある。鹿児島本線の熊本〜鹿児島間は地

概要

開業	1903年1月15日
駅数	28駅
進行速度	最高95km/h

大畑駅でのスイッチバックは、肥薩線の見どころの1つ。見学して楽しむファンも多い。

元の請願によって建設されたのだが、現在の鹿児島本線である海沿いルートと肥薩線の山間ルートのどちらを取るべきかが争点となった。それぞれの地元出身の政治家が中心となって路線誘致運動を繰り広げたが、勝負を決めたのは陸軍の意向だった。ちょうどその頃、清との対立が深まっており、後の首相・寺内正毅《てらうちまさたけ》陸軍大佐が「艦砲射撃の危険がない内陸部、特に球磨《くま》盆地に早急に鉄道を通して九州の要塞とすべし」という方針を打ち出したのだ。こうした経緯から、鹿児島本線の一区間として1909年に全線が開通している。

　しかし、一敗地に塗《まみ》れた〝海沿いルート〟側も巻き返しを図る。現在の串木野駅近くの出身である衆議院議員・長谷場《はせば》純孝《すみたか》が中心となった陳情が実り、肥薩線全線開通翌年から海沿いルートの建設がスタート。1927年には海沿いルートが全線で開通、九州の大動脈としての役割は現在の鹿児島本線（一部は肥薩おれんじ鉄道線）に移り、肥薩線は現在に至るまで山間部のローカル線として走り続けているのだ。

博多南線

格安価格でのぞみに乗れる オトクな〝間合い運用〟

概要

開業
1975年3月10日
（回送線として）
1990年4月1日
（旅客営業開始）

駅数
2駅

進行速度
最高120km/h

鉄道の車両は夜になると車庫で眠る。が、〝車庫に入る〟という過程が問題になることがある。最後の駅が車庫に近ければいいのだが、遠い場合は回送で、つまり1円にもならない空気を運んで車庫まで走らなければいけない。それはもったいない……ということで生まれたのが、いわゆる〝間合い運用〟というものだ。そして、その代表的なもののひとつが、博多駅から博多南駅までを結んでいる博多南線である。

◆どこよりも安く新幹線車両に乗れる〝博多南線〟

博多南線の特徴は、〝新幹線〟ということ。博多南駅近くにある山陽新幹線の博多総合車両所。博多南線はそこに出入りする新幹線の回送列車を使って旅客輸送を行っている。駅

博多南駅の改札。ローカル駅の風情ながら、奥にのぞみの車体が見えるところが異様だ。

は博多南駅のひとつだけ。山陽新幹線の博多駅は１９７５年に開通し、同時に博多総合車両所も完成していたが、当初、博多南線はなく、車両所付近は市街地も何もないただの片田舎だった。しかし、年々宅地化が進んでいくと、住民から「どうせ回送なら乗りたい」という希望が寄せられる。博多南線はそれに応えて１９９０年に開業した。これでバスに乗ったら博多市街地まで約１時間かかるところを、新幹線に乗ってたったの10分でアクセスできるようになったというわけだ。

ただ、この博多南線はあくまでも在来線の扱い。車両がたまたま新幹線車両なだけで、新幹線ではない。だから料金も安く、通常の運賃２００円に加えて特定特急料金１００円。わずか３００円で新幹線の車両に乗ることができるわけだ。同じように上越新幹線の越後湯沢〜ガーラ湯沢間も〝新幹線なのに在来線扱い〟の区間。ただ、こちらは冬季のスキーシーズンのみの営業なので、博多南線こそが年間を通じて最も格安で新幹線車両に乗れる路線なのだ。

飯田線

大半が秘境駅ばかりこの路線はなぜできた？

全国に無数にある鉄道路線の中で、JR飯田線は特にファンが多い路線のひとつだろう。一時期巻き起こった〝秘境駅ブーム〟の中で、小和田《こわだ》駅や中井侍《なかいさむらい》駅、田本《たもと》駅といった秘境駅が多くある飯田線は注目を集め、秘境駅巡りをするためのツアーが組まれたほどだ。これらの秘境駅を含めて駅の数は94。愛知県豊橋市から長野県辰野町まで約200kmにも及ぶこの路線は、一体なぜ建設されたのだろうか。

◆4つの私鉄の路線がつながって生まれた

そもそも飯田線は、ひとつの路線として建設されたわけではない。豊橋〜長篠（現・大海）間を豊川鉄道が、長篠〜三河川合《みかわかわい》間を鳳来寺鉄道が、三河川合〜天竜峡間を三信鉄道が、

概要

開業
1897年
7月15日

駅数
94駅

進行速度
最高85km/h

特急「伊那路」。短時間で移動するならこの列車だが、期間限定で秘境駅を巡る列車「飯田線秘境号」もある。

そして天竜峡〜辰野間を伊那電車軌道が建設した。つまり、私鉄4社が建設した路線がつながり、国有化されて〝飯田線〟になったのだ。だから、その建設の経緯は同じではない。

特に秘境駅が多い旧三信鉄道区間には天竜川の急流を利用した水力発電という大きな目的があったという。建設の過程では建設コスト削減のために動員された労働者が多く犠牲になる悲しい事件も度々起こり、一時期は工事が中止になるという事態にも陥っている。最終的には後に熊谷組を立ち上げる熊谷三太郎らの尽力もあって1937年に開通した。

発電所建設のための資材や労働者運搬が目的だったから、そもそもこの区間が秘境駅だらけなのは当たり前。ただ、発電所建設が終われば資材輸送もなくなるわけで、正真正銘の秘境路線が出来上がったのだ。一度出来上がった路線を廃止するのは難しい。特に飯田線は長野県南部と愛知県東部を結ぶ重要な路線という位置づけもあったために廃線にもならず、今も秘境駅だらけの飯田線は維持されている。

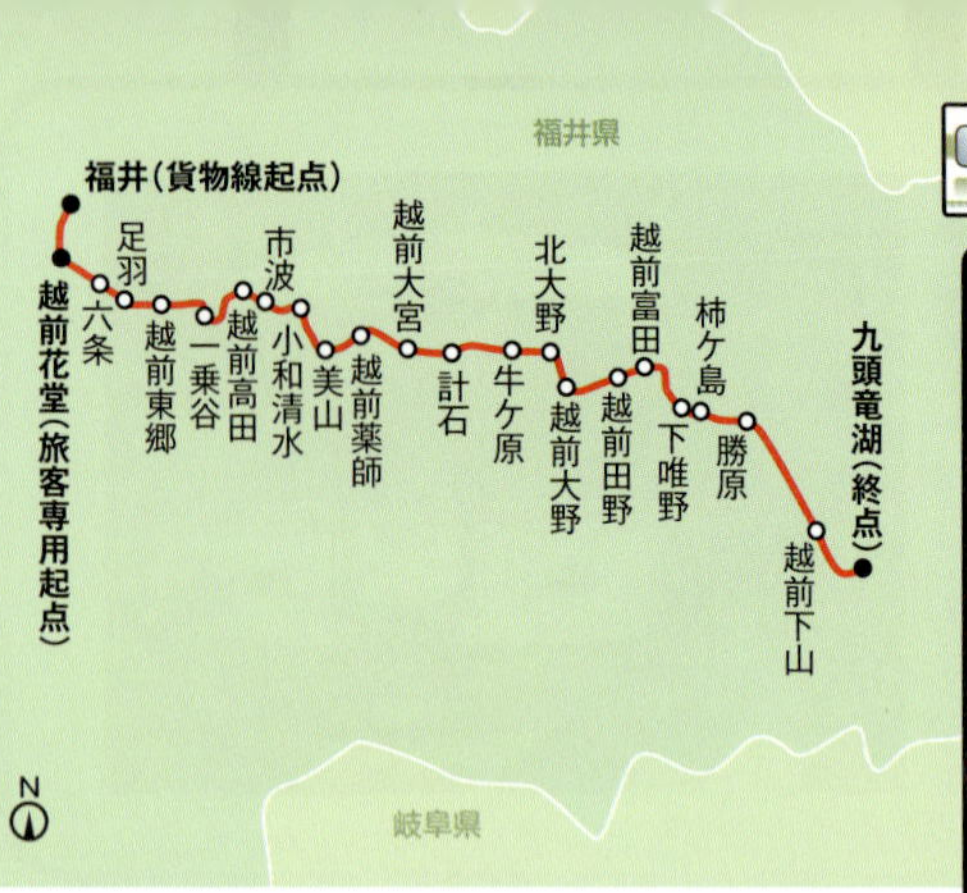

越美北線

北はあるけど南はないワケ

越美北線という鉄道路線がある。JR西日本の路線で、越《えち》前花堂《ぜんはなんどう》駅から九頭竜湖《くずりゅうこ》駅までを結ぶ全線非電化単線のローカル線だ。で、読み方は〝えつみほくせん〟。〝北〟とつくからには当然〝南〟もあるわけだが、JRの鉄道路線をいくら探しても越美南線は見つからない。それもそのはず、越美南線は現在JRではなく、第三セクターの長良川鉄道の路線として運行されているからだ。

◆つながるはずの鉄路が分断された悲しい歴史

当初、越美北線と越美南線は、岐阜県と福井県を結ぶ〝越美線〟として計画された。越美北線は1960年に勝原《かどはら》駅まで、12年後の1972年に九頭竜湖駅までが開業した。一方

概要

開業
1960年
12月15日

駅数
22駅

進行速度
最高85km/h

オール非電化の単線路線を走るキハ120形気動車。写真は旧塗装バージョン。

の越美南線の歴史はさらに古く、1923年に一部区間が開業している。全線が開業したのは1934年のことだ。この越美南線と越美北線を接続して〝越美線〟とするべく工事が進められていたのだが、国鉄の経営難にともなってその計画が中止され、越美線の工事は九頭竜湖駅まででストップしてしまったのだ。その後、いずれも国鉄の路線として運行が続けられてきたが、1984年には越美南線の廃止が決定。そこでその経営を第三セクターが引き継ぐ形で1986年に長良川鉄道が発足し、再開業した。越美北線はそのまま国鉄からJR西日本に継承されて今にいたっている、というわけだ。

こうした経緯があって、越美北線がJRの路線として残り、一方で越美南線はJRにその名をとどめていない。分断された南北を連絡するには、間に2時間ほどの徒歩を挟んでバスを乗り継ぐことになる。いずれも利用者の少ないローカル線ではあるが、戦後の鉄道路線建設計画乱発と国鉄の赤字経営によって生み出された不幸な分断と言えるかもしれない。

御殿場線

かつてはこちらが東海道本線だった！

概要

開業
1889年
2月1日

駅数
19駅

進行速度
最高110km/h

48ページで、肥薩線がかつては鹿児島本線の一部区間だったことはすでに紹介した。実はこの肥薩線のように、昔は大動脈だったが新たに建設された新線にその座を奪われてローカル線になった路線は他にもある。そのひとつが、富士山の裾野を走るJR東海の御殿場線だ。

◆箱根山を超える唯一の方法だった

明治時代、日本に鉄道網が整備されていく中で、最も優先されたのは東京と京都、大阪を結ぶ今で言う東海道本線だった。建設にあたって大きな障害となったのは、箱根の山。これを超える手段は2つあった。ひとつは山を貫く長いトンネルを作る方法。もうひとつは、山を迂回して走る方法だ。明

壮大な富士山の麓を走るのは実に爽快。景観をゆっくり楽しむには東海道本線にならず正解だった!?

治時代の日本の技術力では、長大トンネルを険しい山岳地域に掘ることは難しかった。そこで、箱根を北側に迂回する計画が進められ、完成したのが現在の御殿場《ごてんば》線だったのだ。

1889年に開通した現在の御殿場線は、大動脈の一区間として大いに栄えた。御殿場駅は富士山への登山口となり、陸軍の演習場も沿線に設けられている。ただ、いくら遠回りで箱根の山を避けたとはいえ、御殿場線もかなりの急勾配。蒸気機関車に補助機関車を連結してパワーをアップして登らざるを得なかった。そこで、1918年から国府津《こうづ》駅と沼津駅を結ぶ路線の建設が進められ、1934年には最難関の丹那《たんな》トンネルが開通。これによって新線が東海道本線になり、御殿場線はローカル線へと〝格下げ〟されたのだ。

御殿場線では今でも小田急線との相互直通運転である特急「あさぎり」が運行されているが、過去には日本の東西を結ぶ路線だった時代がある。そんな往時の面影を探しながら〝乗り鉄〟してみるのもおもしろいかもしれない。

宮崎空港線

旭化成が金を出して空港線を作らせたワケ

概要

開業
1996年
7月18日

駅数
2駅

進行速度
最高85km/h

日本全国どこの空港も、そのアクセスは何かと問題になる。東京の空の玄関口・羽田空港へのアクセスも、新路線の建設だなんだとかまびすしい。だが、全国には鉄道のアクセスがない不便な空港もたくさんある。

◆10名が死亡した悲しい事故がきっかけに

宮崎空港には、JR九州の「宮崎空港線」というアクセス路線が通っている。田吉《たよし》駅〜宮崎空港駅までのわずか1・4km、JR線の中では最も短い鉄道路線だ。しかし、宮崎市との距離も近く、車を利用すればそれほど不便でもない。そんなところに、一体なぜ空港アクセス路線があるのだろうか。

宮崎県の延岡《のべおか》市には、旭化成の工場が多数立ち並んでお

宮崎空港駅。近代的な駅舎だが、大企業の悲しい歴史が生み出したと知ると、その姿も切なく感じる。

り、本社のある東京や大阪間で多くの社員が行き来している。しかし、かつて延岡と空港を結ぶ高速道路はなく、鉄道も空港まで通じていなかったのでかなりの不便を強いられていた。そこで旭化成は延岡と宮崎空港を結ぶ自社専用のヘリコプターを飛ばしていたのだが、１９９０年、社員8名を乗せたこのヘリコプターが台風接近の影響を受けて墜落。乗員乗客あわせて10名が犠牲になってしまった。この悲しい事件をきっかけに、宮崎空港へのアクセス鉄道建設の機運が高まり、旭化成もＪＲ側に請願。こうして日本一短いＪＲの路線は誕生したのだ。

この宮崎空港線、走る列車は大半が特急「にちりん」や「ひゅうが」。起点の田吉駅止まりの列車はなく、すべてが宮崎駅までの直通だ。普通列車もほとんど走っていない。そんなわけで、宮崎空港線を乗車券のみで特急列車普通車自由席に乗れる特例区間に定めており、青春18きっぷも利用可能とあって、鉄道ファンの間でも高い知名度を誇っている。

三江線

日本一の閑散路線 実は半世紀近くかけて作られた

概要

開業
1930年
4月20日

駅数
35駅

進行速度
最高85km/h

「陰陽《いんよう》連絡線」という言葉がある。その名の通り、山陰と山陽を結ぶ鉄道路線のことだ。中国地方の瀬戸内海側と日本海側の間には、長く険しい中国山地が横たわっている。そこをいかにして結ぶかは、長年日本の交通政策の重要課題だった。ここで紹介する江津《ごうつ》～三次《みよし》間を結ぶ三江線《さんこう》も、陰陽連絡線の一区間をなす路線として建設が進められたのだ。

◆半世紀かけて全通した苦難の閑散路線

ただ、現在の三江線は輸送密度が1日あたりわずか83人という文字通り日本一の閑散路線。日中には5時間も運行が無い時間帯もあるほど。終点の三次駅は広島県北部の交通の要衝ではあるが、三江線沿線は住民があまりに少ない。さら

三江線・江津本町駅。背後から撮るととても駅舎に見えないが、段差の先には線路が敷かれてある。

に江の川に沿って走っているため直線で60㎞程度の距離を100㎞以上かけて結んでおり、必要以上に時間もかかる。こうした状況から、利用者が極端に伸び悩んでいるのだ。

ただ、この閑散ぶりにはもうひとつ理由があった。それは、全線開通まであまりに時間がかかりすぎた、ということだ。三江線の建設が開始されたのは1926年。4年後に江津駅（当時は石見江津駅）から川戸駅まで開業している。さらに1936年には南側の三次からも工事がスタートする。しかし、これらの工事は日中戦争の勃発で中断されてしまい、再開は戦後になってから。それでも工事はなかなか順調には進まず、最終的に全線が開通したのは1975年のことだった。1920年代に着工したときはまだまだ一般的ではなかった自動車もすっかり定着しており、陰陽連絡の主役はすでに自動車になっていた。そんなわけで、沿線住民にも〝三江線に乗る〟という習慣が根付くことはなかったのだ。これが、日本一の閑散路線の悲しい歴史である。

筑肥線

唐津〜山本で分断されている理由は？

概要

開業
1923年
12月5日

駅数
30駅

進行速度
最高85km/h

ひとつの鉄道路線はひと続きになっている――。そんな〝常識〟を覆す路線が九州にある。福岡県の姪浜《めいのはま》駅から佐賀県の唐津《からつ》駅を経由して伊万里《いまり》駅までを結ぶＪＲ九州筑肥《ちくひ》線だ。筑肥線といえば、筑前前原駅以降は単線となり、唐津駅以遠は単線非電化という〝ザ・ローカル線〟。そして、このローカル線区間で不可思議な〝路線の分断〟があるのだ。

◆ルート変更によって消えた東唐津〜山本間

分断されているのは、松浦川西岸を走る唐津〜山本間。この区間はなぜか筑肥線ではなくて唐津線になっている。そして、山本駅からは再び筑肥線として伊万里駅まで向かっているのだ。この謎の分断はどうして生まれたのか。

分断の象徴、と言うと言い過ぎかもしれないが、この唐津駅をめぐってルート変更が行われた。

筑肥線が全線開業したのは、1935年。その時は博多〜伊万里間を結ぶ路線であり、今のような〝分断〟はないひと続きの路線だった。それが〝分断〟されたのは1983年のこと。分断前、筑肥線は現在よりも北西にあった東唐津駅でスイッチバックをして松浦川東岸を走るルートだった。そして、山本駅手前で松浦川を渡って唐津線と接続していた。ただ、この時代は唐津市の中心地に近い唐津駅に筑肥線は乗り入れておらず、博多方面へのアクセスがとても不便だった。そこで、筑肥線電化にあわせてルートの変更が決定。その結果、松浦川を渡って唐津駅に乗り入れるようになる。その際、それまで筑肥線だった松浦川東岸の東唐津〜山本間は廃止され、唐津線の唐津〜山本間を経由して山本駅以遠の筑肥線に再び戻るという現在のルートになっている。

現在の筑肥線の運行系統は、地下鉄から直通する電化区間の姪浜〜唐津間と唐津線を間に挟む唐津〜伊万里間に完全に分離されており、全線を走破する列車は存在していない。

東海道新幹線

政治上の妥協の産物 岐阜県内のルート

概要

開業
1964年
10月1日

駅数
17駅

進行速度
最高285km/h

新幹線の駅をどこに作るのか――。それは今も昔も、鉄道と政治が結びつく大きな問題のひとつだ。1964年に開業した東海道新幹線でも同じこと。同線駅の中で、政治との関係がことさら取り上げられるのは岐阜羽島《ぎふはしま》駅。岐阜県内唯一の新幹線駅ながら、特にJRの他路線と接続されているわけでもなく、駅前にはかつての大物政治家・大野伴睦《おおのばんぼく》夫妻の銅像が建っていることもあり、「大野伴睦の裁定で作られた駅」と言われることも少なくない。

◆大物政治家のメンツを立てた岐阜羽島駅

そもそも東海道新幹線は、当初の計画では岐阜県内を通らずに鈴鹿山脈を貫く予定だった。しかし、工事の難しさや工

疑惑の岐阜羽島駅。しかし、実際は国鉄側が望んだというのが真相のようだ。

費が問題となり、岐阜県内経由ルートに変更された。ならば岐阜県内にも駅を設置するべし、という意見が地元から出てくるのは当然のことだ。地元の要望は県の中心地に近い岐阜駅への設置。しかし、それでは大幅な迂回が必要になるため、国鉄サイドには望ましくなかった。そのため、要望を拒否した国鉄に岐阜県サイドは大きく反発したという。

一方で、地元の要望以前に国鉄側も岐阜県内に駅を設置する計画を進めていた。それは、列車追い抜き（当時は「ひかり」が「こだま」を追い抜く）のため。そこで、国鉄は岐阜県内に駅を設ける計画を伏せた上で、岐阜出身の大野伴睦に「駅を作ってくれるなら地元を説得する」と言わせるように仕向けたのだ。その結果、無事に岐阜羽島駅が誕生したということ。つまり、政治と鉄道の関わりで取り上げられることの多い岐阜羽島駅だが、そもそも〝鉄道運行上の必要性〟があり、その過程で地元の大物政治家の顔を立てた――というのが真実だったのである。

上越新幹線

ガーラ湯沢駅は新幹線しか停まらない新幹線ではない路線

新幹線の車両に乗れる在来線。その例として、博多南線を紹介した。それと同じような例が見られるのが、上越新幹線だ。上越新幹線には冬季限定で開業するガーラ湯沢駅がある。JR東日本のグループ会社が運営するガーラ湯沢スキー場と直結しており、JR東日本が盛んにCMを打っているスキーキャンペーンの〝顔〟でもある駅のひとつだ。

◆鉄建公団創設のきっかけだった

この駅に鉄道を使って行く手段は東京からの直通列車を含めた上越新幹線しかない。ただ、これも実は博多南線と同じで新幹線ではなく在来線扱い。越後湯沢駅からの料金は運賃140円に特急料金100円を加えたわずか240円だ。そ

概要

開業
1982年
11月15日

駅数
10駅

進行速度
最高240km/h

都心部在住だと、冬のレジャーでお世話になることも多いガーラ湯沢駅。

のため、〝日本一安い新幹線〟などと言われることもあるが、正確には新幹線ではない、ということになる。

　ちなみに、ガーラ湯沢に向かう上越新幹線は、〝政治との関わり〟の深い路線でもある。日本列島改造論を掲げた田中角栄が鉄道路線建設を担う鉄建公団を立ち上げ、自らの選挙区内を通る上越新幹線を再優先で着工させたという。さらに、この時にただのローカル駅に過ぎなかった浦佐《うらさ》駅に新幹線駅を併設させるなど、〝利益誘導政治〟の代表例のような扱いを受けることも少なくない。

　また、上越新幹線は自治体同士の対立も生み出している。燕《つばめ》市と三条市の境界付近に設置されている燕三条《つばめさんじょう》駅。これは両自治体の誘致合戦の結果、間を取って境界に設置されたのだが、駅名命名時も〝ウチの市名を先にしろ〟と猛烈に対立。最終的に田中角栄によって「燕三条駅として駅所在地は三条市にする」と裁定されたという。東京と新潟を結ぶ大動脈は、このような〝政治〟の中で産み落とされた路線でもあるのだ。

知られざる鉄道路線の謎

番外コラム

JRの謎

◆社名とロゴにまつわる謎

1987年の国鉄分割民営化により生まれたJR。ジャパン・レールウェイズの頭文字を取って作られた名前である。その他候補にはニッポン・レールの頭文字を取ったNRなどがあった。

鉄道の「鉄」の要素を残すために、JRグループ各社は社名ロゴに「鉄」の字を使っている。「鉄」の変わりに「鉄」の字を使うのは、「金を失う」と読める「鉄」の字を嫌ってのこと。莫大な累積赤字を引き継いでの民営化だっただけに、これ以上お金を失ってはたまらないというゲン担ぎである。ロゴのデザインはトヨタロゴ、アサヒビールロゴ等を考案した日本デザインセンターが製作している。

国鉄の営業最終日である3月31日の終電から、JR開業の4月1日始発までのわずか4時間の間に、全国の1万両にも及ぶ車両に、職員自《みずか》らの手でJRマークのシールを貼る作業が行われた。

◆路線名の謎

次に路線の名前だが、国鉄時代には1909年制定の国有鉄道線路名称を元に付けられており、民営化後は各社がそれぞれ命名している。東海道本線や山陽本線のように並行する街道の名を付けたり、信越本線のようにかつての令制国名を付けたりする場合の他、中央本線や大阪環状線のようにその路線の持つ性格を元に付けられる場合もある。

路線名に付けられる「本線」というのは、国鉄時代に区分された地域の代表的な路線に本線という名称を与えていたものの名残である。JR四国などは、「本線」の名称を全て廃して「線」に改称している。

また、路線名以外の名称が用いられる場合もある。路線でなく運転系統の通称に付けられた名称としては京浜東北線、埼京線などがある。

京浜東北線は、路線自体は大宮駅〜東京駅間は東北本線の、東京駅〜横浜駅間は東海道本線の一部である。名称は、元々は東海道本線の東京〜高島町（横浜）間の線であった京浜線が、東北本線に乗り入れる形で延伸してできて、京浜＋東北で京浜東北線と命名されたものである。

埼京線の路線名は、実は愛称で、大崎〜池袋間が山手線（山手貨物線）、池袋〜赤羽間が赤羽線、赤羽〜大宮間が東北本線の支線（別線）である。高度経済成長で埼玉のベットタウン化が進む中、埼玉から首都圏への通勤新線として構想されたのが現在の埼京線である。名前は、埼玉と東京から一字ずつ取り埼京線とされたが、「最強の線」という意味も含められている。

また「山手線」「横須賀線」などのように、他の路線に乗り入れて運行している場合も乗り入れ元の路線名を名乗っている場合もある。

◆JRの鉄道外事業

JR旅客鉄道会社6社の子会社が運行するJRバスは、国鉄バスの事業を民営化時に引き継ぎ、その後、子会社を設立したものである。社名は鉄道のJRに対して、ジェイアールとカタカナ表記となっている。

読売テレビ系列で放送されている紀行番組「遠くへ行きたい」は、1970年に国鉄が一社提供スポンサーとなり開始された番組である。その後、JRグループに提供スポンサーが引き継がれ、現在はJRグループを筆頭としての複数社のスポンサー提供となっている。

国鉄関連会社であった日本テレコムは、民営化後もJRと資本関係にあった。上場後、ボーダフォンに買収され、その後さらにソフトバンクにより吸収合併された。社のロゴは、灰色のJRロゴを使用していたが、この商標登録もそのままソフトバンクのものとなっている。

第1章 鉄道路線の謎ベスト50

私鉄編

阪急電鉄

梅田～十三の三複線 なぜ京都本線だけ中津駅が無い？

概要

開業
1910年3月10日
（梅田～宝塚間、石橋～箕面間）

駅数
90駅
（第2種事業駅を含む）

進行速度
最高115km/h
（神戸本線・京都本線）

大阪、京都、神戸の三都を結んで走る阪急電鉄。伝統のあずき色（正確には〝阪急マルーン〟という）に塗られた電車が走るそのさまは、阪急沿線のどことなく〝上品〟なイメージと相まって、沿線文化を象徴するものであり、さらに関西私鉄の雄としての誇りすら感じさせてくれる。

◆ライバル関係にあった阪神電鉄と経営統合

そんな阪急が運営している路線は神戸本線、京都本線、宝塚本線の3本線とそれぞれに連なる支線7路線。ただ、あとのページで改めて解説する京都本線はもともと京阪《けいはん》電鉄によって建設されたといういわれがあり、〝生粋の阪急電鉄〟とは少々性質が違う。そして、残る神戸本線と宝塚本線。中でも神戸本線は大阪（梅田）と神戸三宮を結ぶ路線として、JR線はもとより同じく関西の私鉄である阪神電鉄とも並行している。歴史をひもとけば、先に開通したのは阪神電鉄。後進の阪急電鉄は〝阪神より速く阪神間を結ぶ〟という意味を込めて社名を〝阪神急行電鉄〟としたという。さらにライバル関係の両路線は幾度となく激しくぶつかり合い、一時期は両社合併の機運もあったとか。ただ、これは阪急の総帥・小林一三《いちぞう》が「阪急が上に立つなら」と一蹴してご破算になった。そんな関係の阪急と阪神は2006年に経営統合をしている。競合路線を持ち、長年ライバルとして戦い続けてきた両社の統合は、関西私鉄史の中でも驚くほどの大事件。それでも運営する路線まで統合されるわけではなく、今も変わらず阪急電鉄は阪急のまま、阪神電鉄は阪神のまま走り続けている。

さて、残る最後の宝塚本線。京都でも神戸でもなく宝塚と大阪梅田を結ぶこの路線は、沿線の利用者でもなければ京都本線・神戸本線と比べると正直地味な印象は否めない。だが、阪急の歴史を見れば、この宝塚本線と石橋駅から分岐する箕面《みのお》線こそが保守本流の阪急電鉄の〝本線〟なのだ。

◆宝塚本線から始まった阪急電鉄の歩み

阪急の歴史は1907年の箕面有馬電気軌道（箕有《きゆう》電車）設立に始まる。3年後の1910

年には梅田〜宝塚間と途中の石橋〜箕面間（つまり今の宝塚本線と箕面線の全線）を開通させている。総帥の小林一三は沿線の池田駅周辺の土地を買収して分譲住宅を建設。箕面に動物園、そして宝塚には宝塚歌劇団（１９１３年の発足時は宝塚唱歌隊）を設立するなどして沿線開発を進めていった。神戸線の開通は１９２０年になってからのことだから、阪急電鉄は宝塚本線から始まったということになる。

さて、阪急電鉄は神戸本線・宝塚本線・京都本線いずれもが梅田駅を始発駅としている。梅田から淀川を渡って十三駅に着いたらここで三方向に分岐していくわけだ。もともとは京都本線は十三駅までしか乗り入れをしておらず（京阪電鉄の路線だったため当たり前だけれど）、１９４４年から宝塚本線の線路を使って梅田までの乗り入れを果たした。ただ、この当時の梅田駅は今とは違う場所にある。現在の阪急の梅田駅はＪＲ大阪駅の北東側。ＪＲ東海道本線とは交差しない位置だ。ただ、かつての梅田駅は今よりも南側、阪急百貨店があるあたりにあった。箕面有馬電気軌道として開業した当初は地上を走っており（鉄道ではなく軌道として開業したので、道路との併用軌道もあった）、１９２６年に十三駅まで高架化して、梅田駅も東海道本線の上をまたぐようになっている。ただ、ここからも曲折があり、１９３４年には東海道本線が高架化したために阪急の梅田駅は再び地上駅に戻っている。戦後になると利用者数の増加などからホームを伸ばす必要が出てきたが、そうなるとＪＲ（当時国鉄）の高架がじゃまになる。

阪急電鉄が三複線となるのは梅田〜十三間。実は日本で初めての三複線だったりする。

そこで駅の位置を東海道線をまたいだ北側に移転した。それが現在の阪急の梅田駅誕生の経緯だ。

◆京都本線だけ通過する中津駅の謎とは？

さらに梅田駅から十三駅までを見ていくと、その間に中津という駅がある。この区間は三路線が並んで走っている区間なのだが、中津駅に停車するのは神戸本線と宝塚本線だけ。京都本線には中津駅のホームも何もなく、全列車が通過していくのだ。これは、京都本線の梅田〜十三間乗り入れがあとから行われたから。最初は宝塚本線の線路への乗り入れだったが、あとから線路を新たに建設して神戸・宝塚・京都各線の三複線化している。ただ、この時はすでに中津駅付近にホームを設けるほどの余裕がなかったわけだ。

三路線いずれもあずき色の電車が走る阪急電鉄。でも、それぞれにその成り立ちも特徴も異なっている。そんなことを感じながら阪急電鉄の旅を楽しんでみてはいかがだろうか。

東武伊勢崎線

東武浅草駅は始発駅なのに存在感が薄いのはなぜ?

今では〝スカイツリーライン〟とも呼ばれる東武伊勢崎線。そんな愛称が付いているのは東武動物公園駅までの区間で、路線全体は浅草・押上《おしあげ》～伊勢崎間の114・5㎞。この営業距離は、旧国鉄系の路線を除けば私鉄では日本一の長さだという。東京の都心部を出発して埼玉県を通りぬけ、さらに栃木、群馬までと関東地方を縦断して走る東武伊勢崎線は、東武鉄道にとって東上線に並ぶ基幹路線のひとつだ。

◆都心への行き先が三方向に別れる運行形態

この東武伊勢崎線の起点となっている駅は浅草駅と押上駅の2つ。押上駅では東京メトロ半蔵門線と相互直通運転を行っており、浅草駅は正真正銘の起点駅。この2つの起点を

概要

開業
1899年
8月27日

駅数
55駅

進行速度
最高120km/h

出発した伊勢崎線は曳舟《ひきふね》駅で合流して北に向かう。さらに北千住《きたせんじゅ》駅では東京メトロ日比谷線との相互直通運転もしているので、その運転系統はかなりややこしいことになっているのだ。例えば越谷あたりから都心部へ向かおうとすると、北千住から日比谷線直通の列車に乗るケース、押上から半蔵門線直通に乗るケース、そのまま浅草駅まで行くケースという3パターンがあり、乗り慣れていない人にとっては戸惑うことも少なくないかもしれない。平日7～8時台の本数を見ると、約30本が日比谷線直通となっており、半蔵門線直通と浅草行きが約15本ずつ。つまり、東武伊勢崎線（スカイツリーライン）の運行系統を見ると、北千住駅を経由しての日比谷線直通が〝主流〟ということだ。スカイツリーを訪れようと思ったら半蔵門線直通なら押上駅、浅草行きならとうきょうスカイツリー駅が利用できるため、スカイツリーアクセスではそれほど困ることはないものの、浅草駅には4分の1程度の列車しか停車しないということになってしまう。東武伊勢崎線の都心部寄りターミナルとしてはあまりにも寂しい気がするが、これはどうしてなのだろうか。

◆駅を出てすぐ急カーブ……制約の多い浅草駅

答えは単純。浅草駅の構造に問題があるのだ。浅草駅は隅田川西岸に面した場所にあり、駅ビルの2階部分にホームが設けられている。浅草駅を出発した列車はすぐに右に急カーブをして隅田川を渡ることになる。この〝駅を出てすぐ急カーブ〟という立地が浅草駅の最大の弱点。ホームの端からすでにカーブは始まっており、ホームを延伸することができない。そのため、浅草駅に入ることができる列車は原則6両編成までなのだ。1番線は8両編成の列車も入線するが、下り寄りの2両分はホームが極めて狭くなってしまうためにドアの開閉が行われなくなっている。駅の立地からして弱点を抱えているがゆえ、東武伊勢崎線のターミナル駅にして主役にはなりきれない存在に甘んじることになってしまったのだ。

◆伊勢崎線全通から20年後に成就した浅草乗り入れの悲願

では、なぜこんなに窮屈な駅ができることになったのか。浅草駅は、1931年に開業している。東武伊勢崎線そのものは1910年に全線開通しており、浅草駅開業までは隅田川手前が終着駅になっていたのだ。現在のとうきょうスカイツリー駅（スカイツリー開業までは業平《なりひら》橋《ばし》駅）が浅草駅という名称でターミナル駅だった。ただ、浅草とは名乗っているものの浅草の繁華街は隅田川の向こう側。利便性ということではあまり優れていなかった。そこで、東武鉄道は昭和初期に浅草の中心地への乗り入れを計画し、1931年に浅草乗り入れを果たした（浅草雷門駅として開業）。とは言え、その頃の浅草は文字通り日本有数の繁華街。駅のために広大な土地を取得することは難しく、現在の場所に設置されたのだと思われる。

立派な門構えの駅舎だが、細い立地のせいか駅舎に見えない。

この浅草乗り入れ後も東武はさらに都心部への延伸を図っている。浅草を中心とする下町地域は戦災で焼け野原となり、山手線沿線へと都市の中心が移っていった。そこで、北千住から地下鉄を建設して都心へ向かう支線の敷設免許を出願したのだ。これは残念ながら実現しなかったが、地下鉄日比谷線が開通すると1962年から北千住駅経由での直通運転が開始される。これで形は違えど東武の念願がかなったと言える。こう考えれば、浅草行きの倍の本数の日比谷線直通列車があるのも納得できるのではないだろうか。

なお、こうして不遇な存在になったターミナル・浅草駅だが、それでも南海難波《なんば》駅も設計した元鉄道省の建築家久野節《くのみさお》に設計を依頼し、その時代を代表するアール・デコ様式の建築物として威容を誇っている。ビルには百貨店の松屋が入居したが、こうした形態の駅ビルは関東で初でもあった。その後たびたび改装したが、現在の浅草駅の姿は開業当時のものに復元されている。

西武新宿線

西武新宿駅があんなに中途半端な場所にあるのはなぜ？

概要

開業
1894年
12月21日

駅数
29駅

進行速度
最高105km/h

2015年は〝西武鉄道100年〟の記念の年として、さまざまなキャンペーンが展開されてきた。この〝100年〟は、1915年に西武池袋線の池袋〜飯能間が開業したというところなどから。当時の西武池袋線は〝武蔵野鉄道〟という前身企業によって建設されている。では、もう一方の西武鉄道の基幹路線である西武新宿線はどうなのだろうか。実はその歴史は池袋線よりも古く、1895年に国分寺〜川越間が全通したことに始まる。この区間のうち東村山〜川越間が現在の西武新宿線になり、国分寺〜東村山間は西武国分寺線として運行されている。つまり、西武鉄道の路線の中では地味な印象の強い国分寺線こそが、西武鉄道の出発点ということなのだ。

◆国分寺線から始まった西武鉄道の歴史

さて、この国分寺〜川越間の路線は川越鉄道が建設したもので、すでに新宿〜立川間で運行を開始していた甲武鉄道（現在のJR中央線）と接続して貨物輸送を行う目的があった。その後、川越鉄道は武蔵水電に吸収され、さらに武蔵水電は1921年に西武軌道という路面電車を運営していた企業を買収する。ここで初めて西武鉄道の歴史の中に〝西武〟という文字が登場する。この西武軌道は、現在の地下鉄丸ノ内線新宿〜荻窪間とほぼおなじ経路で路面電車を運行していた。後にこの路線は東京都に譲渡されて都電杉並線となる。つまり、〝西武〟の名前は、今はなき都電からスタートしていた。そして、西武軌道を吸収した武蔵水電は、1922年にはさらに帝国電灯に買収され、そこから鉄道部門が分離という曲折を経て、西武鉄道という名前の企業となる。現在の西武鉄道との違いを明確にするため、しばしば〝旧西武鉄道〟などと呼ばれるこの西武鉄道は、1927年に東村山〜高田馬場間を開業。すでに1915年には武蔵野鉄道が西武池袋線を開通させており、それから遅れること12年後のことだった。

◆糞尿輸送を担った時代もある西武鉄道

ここまでの歴史を見ると、武蔵野鉄道の池袋線と川越鉄道に始まる旧西武鉄道という2つの会社が現在の西武鉄道の源流であるということが見えてくる。この両社が食糧増産という企業とあわせて統合されるのは終戦直後の1945年9月のこと。これにはいずれも箱根土地（後のコクド）が経営権を握っていたということが背景にあるのだが、さらにもうひとつ思わぬエピソードもある。それは、1944年からこの3社が一体となって糞尿輸送をしていたということだ。東京湾に捨てていた東京都内の糞尿処理が追いつかなくなり、都の要請を受けて武蔵野鉄道・旧西武鉄道の沿線である郊外に貯溜槽を設けて専用貨車で糞尿を運ぶようになった。そのおかげで、一時期西武線は〝黄金列車〟という誇らしいのかそうでないのかわからない異名を頂いている。三社の合併直後の名称が西武農業鉄道だった（合併翌年の1946年に現在の西武鉄道に改称している）のも、こうしたいわれがあるからだ。

ただ、この糞尿輸送も事実上1951年までには終了し、以降は旅客輸送を中心として発展を遂げていく。そして、高田馬場止まりだった西武新宿線もかねてからの念願だった新宿乗り入れを果たすのである。高田馬場から新宿までの区間は国鉄の山手線と並行する。並行する既存路線がある場合、新たな路線敷設は認められないのが通例だ。しかし、西武鉄道は陸軍の鉄道連隊演習線（現在の新京成電鉄）払い下げを京成電鉄に譲る見返りとして新宿乗り入れの免許を得ることができたと言われている。

西武新宿駅。ＪＲ新宿駅はこの写真の撮影者の後方にあり、乗り換えはかなり不便。

◆ルミネエスト新宿は西武線の駅になる予定だった？

こうして1952年に西武新宿駅が開業する。もちろん今と同じ場所だ。ただ、この頃は国鉄新宿駅に直接乗り入れる計画であり、東口が再開発中だったために暫定的に西武新宿駅を開業したという。その後新宿駅東口の再開発が完了すれば、改めて乗り入れを行う予定だったのだ。実際に1964年に完成した新宿ステーションビル（現在のルミネエスト新宿）は2階部分に西武線が乗り入れる前提で設計されている。しかし、駅ビル内のホーム容量がすでに西武新宿線の利用者数に見合ったものでなかったことなどを理由に乗り入れ計画は沙汰《さた》止《や》みとなり、暫定開業だったはずの西武新宿駅が正式な終着駅になる。1977年にはプリンスホテルの入居する駅ビルが建設されて、現在の姿となったのだ。ＪＲ新宿駅から徒歩で5分以上かかる場所に西武新宿駅がある理由は、こうした経緯にあったのである。

三陸鉄道

北リアス線と南リアス線の間にJR山田線があるのはなぜ？

概要

開業
1972年2月27日（北リアス線）
1970年3月1日（南リアス線）

駅数
27駅

進行速度
最高105km/h

NHKドラマ『あまちゃん』の舞台になったことでもお馴染みの三陸鉄道。ドラマの中では〝北三陸鉄道リアス線〟、略して〝北鉄〟などと呼ばれていたが、本物は三陸鉄道の北リアス線。岩手県北部の太平洋沿い、宮古〜久慈《くじ》間を結んでいるローカル線だ。

三陸鉄道ではこの北リアス線の他、盛《さかり》〜釜石間の南リアス線の運行も担っており、東北地方の太平洋沿い、すなわち三陸海岸を縦断する〝三陸縦貫鉄道〟の中でも大きな役割を果たしている鉄道路線なのだ。

◆JR山田線で分断される北リアス線と南リアス線

ただ、その北リアス線と南リアス線の間にはJRの山田線が通っている。震災前には直通列車も通っていたがそれはわずかなもので、山田線区間と三陸鉄道区間をまたがる移動には乗り換えが強いられていた。一体なぜこうした不便な状況が生まれてしまったのだろうか。その答えを探るには、三陸縦貫鉄道全体の歴史を振り返る必要がある。東北地方の鉄道網は内陸を走る東北本線が先行して建設された一方で、三陸地方はなかなか整備が進まなかった。1896年に明治三陸地震で大きな被害を受けた三陸地方だが、援助物資の輸送などもままならないほど交通状況は貧弱だったのだ。こうしたこともあって、三陸縦貫鉄道は三陸地方全体の念願となった。

三陸縦貫鉄道の建設は最北の八戸《はちのへ》線(1930年)からスタート。続けて大船渡線と山田線が戦前までに開業した。さらに戦後になってから気仙沼線が開業し、三陸鉄道の区間だけが最後まで残されることになった。この開業の順番は沿線都市の重要性(例えば工業都市釜石と盛岡を結ぶ山田線など)と地形などによる工事の難しさなどが考慮されてのものだとされているが、いずれにしても最後まで残ってしまったことが三陸鉄道にとっての幸運でもあり不幸でもあったのかもしれない。

◆廃止の危機を乗り越えて1984年に全線開通

三陸鉄道は1972年に北リアス線の一部(宮古～田老《たろう》間)、1973年に南リアス線の一部（盛〜吉浜間）、1975年に北リアス線の一部（普代《ふだい》〜久慈間）と少しずつ路線を延ばしていった。ただ、この時は三陸鉄道ではなく国鉄の路線として建設・開業している。つまり、このまま最後まで国鉄の路線として開通していれば、今ではJR東日本に引き継がれて〝分断〟はなかったのだ。ただ、ここで国鉄の財政難が立ちはだかる。利用者が少ないと見込まれる路線の建設凍結と既存路線のうち特に経営状況の厳しい路線の廃止を打ち出したのだ。これによって、すでに線路の敷設までほぼ完了していた現在の三陸鉄道の残る区間の開業が立ち消えになり、さらに開業済みだった区間の廃止まで決まってしまった。

◆山田線の再開とともに三陸鉄道の南北が統一

このままでは念願の三陸縦貫鉄道が分断されたままになる——。この大ピンチに岩手県をはじめとする地元自治体と住民が立ち上がる。国鉄でやらないなら自分たちの手で。第三セクターを立ち上げ、未開通区間の建設継続と既存路線の維持を決めた。そして1984年4月1日。未開通区間を含めた三陸鉄道が全線で開通する。ただ、間に挟まれた山田線は並行道路未整備などの理由で廃止される路線に含まれていなかったために三陸鉄道にはならず、国鉄、そしてJRの路線として残った。こうして分断された三陸鉄道が出来上がったのだ。三陸鉄道の〝南北の分断〟は、三陸に鉄道を通そうとする情熱、そして三陸に鉄道を残そうとする情熱の産物

釜石駅では、三陸鉄道とJRの駅舎が隣り合っている。

だったのかもしれない。

ご存知の通り三陸海岸は2011年3月11日の東日本大震災で甚大な被害を受けて、三陸鉄道を含む三陸縦貫鉄道は全線にわたって寸断。長きにわたって運転の見合わせが続いた。ただ、その中でも三陸鉄道はいち早く復旧に取り組み、震災から5日後の3月16日には陸中野田〜久慈間で運転を再開。〝復興支援列車〟として運賃無料で運転を行っている。さらに震災から約3年後の2014年4月に北リアス線・南リアス線全線での運転再開を果たしている。

JR気仙沼線も大船渡線も沿岸部はBRT（バス高速輸送システム）での再開にとどまっていることを思えば、三陸鉄道を発足させた情熱は30年経った今も生きているというべきか。そして、南北を分けている山田線はJR東日本によって再建され、再開後は三陸鉄道に経営移管されることが決まっている。これで南北分断もなくなり、岩手県の三陸縦貫鉄道は文字通り三陸鉄道1本による運行になる予定だ。

北総鉄道 北総線

日本一運賃の高い鉄道路線はなぜできた？

概要

開業
1879年3月9日

駅数
15駅

進行速度
最高105km/h

しばしば〝日本一運賃が高い鉄道路線〟と揶揄《やゆ》されるのが、京成高砂〜印旛日本医大間を結ぶ北総《ほくそう》鉄道北総線だ。初乗り運賃こそ199円（ICカード利用、以下同）と〝そこそこ〟だが、距離が伸びるとどんどん高くなる。全線を乗り通すと必要な運賃は821円。京成本線でほぼ同距離である京成上野〜京成大久保間を乗れば483円だから、北総線の高さは際立っている。2009年には国会でも議論になったほど、地元の利用者にとって大きな負担になっているのだ。

◆千葉ニュータウン計画の失敗が原因に

ただ、これには多少やむを得ない面もある。それは、北総線建設の経緯を知れば見えてくる。北総線は京成本線や都営

北総線の車両・７５００形。運賃が高いだけあって高級感がただよう!?

地下鉄浅草線との相互直通運転を前提に、千葉ニュータウンと東京都心部を結ぶ路線として建設された。千葉ニュータウンの一部地区で入居が開始された１９７９年に部分開業し、徐々に延伸して２０００年に全線が開通している。しかし、想定外だったのは千葉ニュータウンの入居者の少なさ。千葉ニュータウンは34万人が暮らす街として計画されたが、実際には10万人前後となっている。この〝計画倒れ〟が北総線の収入の少なさに結びつき、多額の建設費を償還するためにこれだけ高い運賃が設定されることになってしまったのだ。

こうして運賃の高さばかりが注目される北総線だが、もうひとつ鉄道ファンが知っている〝ネタ〟もある。それは、〝成田新幹線〟。成田空港に新幹線を通す計画は実際に存在しており、一部区間では土地の取得や工事も進められていた。しかし、沿線の反対などで１９８６年に建設を断念。北総線千葉ニュータウン中央〜印旛日本医大間には巨大な空き地があり、これは成田新幹線のための用地だったのである。

都電荒川線

なぜ荒川線だけ都電として残されたのか？

かつては都内を縦横無尽に走り回っていた〝都電〟。しかし、1960年代以降続々と廃止されてしまい、今では三ノ《みの》輪橋《わばし》～早稲田間を走る都電荒川線を残すのみとなった。軒並み都電が廃止される中で、今も荒川線だけが走り続けているのはいったいなぜなのだろうか。

◆大半が専用軌道だったために廃止を免れた

都電が廃止されていったのは、交通渋滞解消のため。都電が走っていたのは大通りを中心とする一般の道路の上だった。これを〝併用軌道〟などと呼んだりするのだが、都電は自動車の交通量が増えていくにしたがって、渋滞を引き起こす原因になってしまった。さらにそんな都電が赤字を垂れ流

概要

開業
1903年
8月22日
（東京電車鉄道）

駅数
30駅

進行速度
最高40km/h

都電荒川線は、東京では滅多にお目にかかれなくなった、貴重な路面電車だ。

していたりしたものだから、地下鉄やバス網の整備と引き換えに60年代以降、都電は廃止されていくことになったのだ。

そんな中で荒川線が生き残ったのは、ズバリ〝併用軌道〟がほとんどなかったから。荒川線はいわゆる路面電車から想像される、道路の上を車と並んで走る区間がほとんどない。荒川線のための専用の軌道、つまり〝専用軌道〟が大半だったのである。そのため、〝渋滞解消〟という目的で廃止することは難しい。さらに、荒川線の沿線である北区・荒川区には鉄道がほとんど整備されておらず、都心部と比べて不便さが際立っていた。こうした事情もあって従来から黒字だった荒川線は、他の都電のように廃止されることなく今に残った（荒川線の〝祖〟にあたる都電27系統・32系統のうち27系統の一部は廃止されている）。日暮里舎人《とねり》ライナーや地下鉄南北線などが開業して交通の不便さはだいぶ解消され、利用者は減少傾向にあるものの、２０１５年秋には新車が投入されるなど、〝現役バリバリ〟で活躍を続けている。

西武多摩川線

他の西武線との接続なし！孤立した飛び地線なのはなぜ？

概要

開業
1917年10月22日

駅数
6駅

進行速度
不明

池袋線や新宿線など、首都圏を代表する通勤路線を抱える西武鉄道。だが、西武鉄道の路線網の中で、他路線と一切接続していない孤立路線がある。西武多摩川線だ。武蔵境～是政間を結ぶ西武多摩川線は、ＪＲ中央線とは接続しているものの西武線各線とは一切連絡しておらず、沿線住民でもなければ知名度の低い〝東京のローカル線〟だ。

◆買収されて〝西武線〟になった

もともと西武多摩川線は、１９１７年に境（現在の武蔵境）～北多磨《きたたま》（現在の白糸台）間で開通。その後路線を延ばして１９２２年に全線開通している。開業したのは多摩鉄道。建設の目的は、多摩川の河原で採取される砂利の採取だ。戦前

かつて河原の砂利を運んでいた貨物路線の面影はなく、今ではれっきとした旅客路線として親しまれている。

は河原の砂利採取目的で多くの路線が建設されており、多摩川線もそのひとつだったのである。

そんな多摩鉄道の路線を、1927年に買収したのが西武鉄道。現在の西武新宿線を運営していた鉄道会社で、終戦直後の1945年に池袋線を運営していた武蔵野鉄道と合併し、今の西武鉄道が出来上がっている。さて、こうして西武鉄道の一員になった多摩川線だが、1929年に多磨霊園参拝客向けの多磨墓地前駅（現在の多磨駅）を開業すると、旅客営業へと軸足を移していき、1950年に電化。1967年に貨物輸送が廃止されて今にいたる。こうした経緯から、他の西武線と接続しない孤立路線になっているのだ。

多摩川線は孤立路線であるがゆえ、車両の検査や新車両投入時はJR中央線・武蔵野線を経由して西武池袋線沿線にある車両工場へと甲種輸送で運ばれる。このために武蔵境駅には多摩川線とJR中央線をつなぐ渡り線があり、定期的に行われる甲種輸送は鉄道ファンの注目の的にもなっている。

東急池上線

果たせなかった山手線内乗り入れ悲願の象徴…池上線五反田駅

概要

開業
1922年10月6日

駅数
15駅

進行速度
最高80km/h

東急グループの創設者・五島慶太。現在の東急東横線や目黒線・多摩川線（以前は目蒲線）の経営を皮切りに、ライバル路線を次々に買収して〝強盗慶太〟の異名をとった男だ。その強盗慶太が初めて買収した路線が、現在の東急池上線。当時は池上電気鉄道が経営する鉄道路線だった。

◆〝強盗慶太〟が買収した目的とは

五反田〜蒲田間を結ぶ池上線は、今も東急線の中では〝ローカル〟な存在。他の路線との直通運転もなく、3両編成の列車がトコトコと走っている。もともとは池上本門寺への参拝客を当て込んで開業した路線だった。その池上線の中で気になる点といえば、五反田駅。JR山手線のホーム・線

池上線ホームから、下層を走る山手線車両が見える。

路よりも高い位置にあるのだが、これは池上電気鉄道と五島慶太の壮絶な戦いの中で生まれたものだ。

当初、池上線は五反田ではなく目黒を目指していた。しかし、蒲田と目黒を結ぶ路線は五島慶太率いる荏原《えばら》電気鉄道（後の目黒蒲田電鉄）が先に建設。そこで五反田を目指すことに変更し、１９２８年に開通させている。さらに五島慶太の目蒲線に対抗すべく、都心部への延伸を計画する。京浜電気鉄道が計画していた都心部の路線と、白金付近で接続する延伸計画を立てたのだ。五反田駅が山手線より高い位置にあるのは、そのまま白金方面へと延伸していく計画の名残、ということである。しかし、京浜電鉄は東京地下鉄道との直通運転を目指す方向へと路線転換。池上線の山手線内乗り入れは幻となった。そこで池上線は雪ヶ谷から国分寺方面への路線建設計画を立てる。だが、かえって五島慶太の怒りを買い、結局１９３４年に五島の目黒蒲田電鉄に買収される。五反田駅の高いホームは、そんな歴史の中で生まれたのだ。

阪急京都本線。

初めて新幹線の線路を走ったのはなんと私鉄の阪急京都線だった！

概要

開業
1921年4月1日

駅数
27駅

進行速度
最高115km/h

正式な区間としては十三～河原町間、運行系統としては梅田～河原町間を走る阪急電鉄京都本線。JRの東海道本線などとともに大阪と京都を結ぶ大動脈のひとつだ。さらに、神戸本線などとともに、阪急鉄道網の一角を担う路線でもある。

◆新幹線の線路を初めて走った阪急のあずき色列車

だが、歴史を紐《ひも》解《と》くとこの阪急京都本線、今のライバルでもある京阪電鉄によって建設された事実がある。1910年に開業した京阪本線は、沿線の市街地を経由しながら京阪間を結ぶ路線だった。しかし短距離直線ではなかったため、スピードという点ではイマイチだった。そこで、山間部を直線で走り抜けるルートの新線建設を計画。京阪電鉄は子会社の

阪急電鉄でお馴染みのワインレッドの車両が、紆余曲折のあった路線を走る。

新京阪電鉄を設立して現在の京都本線を開業した。こうした経緯で誕生した京都本線だが、戦時中に京阪と阪急が統合したことで京阪神急行電鉄の所属となる。戦後再び京阪は独立するが、京都本線は十三駅で阪急と連絡していたことから京阪ではなく阪急側に残る形となった。京阪でスタートした京都本線は、戦時中の統合を経て阪急に〝移籍〟したのだ。

そんな歴史を持つ阪急京都本線だが、戦後もある大プロジェクトに巻き込まれている。1964年に開業した東海道新幹線。淀川沿いの新幹線高架区間を建設する際に、並行していた阪急京都本線も同時に高架化されたのだ。そして、1963年の4～12月にかけて、先に完成した新幹線の線路の上を一時的に京都本線が走っている。新幹線も京都本線もレールの幅は同じ標準軌。わざわざ阪急電車用のホームを作って、線路切替が完成するまで阪急のあずき色の列車が新幹線の線路の上を走った。つまり、新幹線の線路を初めて走ったのは、阪急京都本線の列車だったのである。

芝山鉄道線

空港利用者には欠かせない？日本一短い第三セクターの謎

■概要■
開業
2002年10月27日
駅数
2駅
進行速度
不明

千葉県の成田空港近くに、日本一短い鉄道会社がある。東成田～芝山千代田間を結ぶ、芝山鉄道線だ。その営業距離はわずか2・2㎞。ケーブルカーやロープウェイなどを除けば、これよりも短い鉄道会社は日本にはない。

◆かつては〝成田空港駅〟だった東成田駅

この短い路線が誕生した背景には、成田空港建設時の〝保障〟があった。成田空港の建設に際して、多くの反対運動があったのは有名な話だ。その中で、〝空港によって地域の東西が分断される〟という声も上がっていた。それに対して、第三セクター方式の鉄道路線で東西を結ぶという約束を国がする。こうして生まれたのが、芝山鉄道なのである。

ひと駅しかない路線には、日本という国が歩んだ歴史が刻まれていることもあるのだ。

今、芝山鉄道の起点となっている東成田駅は、1978年の開業から1991年まで「成田空港駅」だった。京成本線の終点駅でもあり、まさに成田空港へのアクセス駅。もともと成田空港には新幹線を建設する計画だったが、それが思うように進まないために暫定的に開業した駅で、ターミナルまではバスで連絡していた。しかし、成田新幹線計画が正式に消滅すると、その施設を再利用する形で現在の成田空港駅が開業する。それにともなって、1991年に東成田駅に改称されたのだ。さらに終点の芝山千代田まで延伸されたのは2002年のこと。これで第三セクターの芝山鉄道線が正式に成立。京成東成田線との相互直通運転を行っている。

ちなみに、かつての成田空港駅である東成田駅。成田空港の真下にある地下駅で、今もここから徒歩やバスで空港ターミナルに行くことができる。ただ、知名度の低さも手伝って乗降客数は1日平均2000人にも満たない。大半の利用者は、空港で働く関係者たちとなっているのが現状だ。

西武池袋線

所沢でも入間でも飯能でもない池袋線の終着駅は〝吾野〟だった

概要

開業
1915年4月15日

駅数
31駅

進行速度
最高105km/h

西武池袋線といえば、池袋から所沢、入間市、そして飯能あたりまで……というのが一般的なイメージだろう。だが、正式には池袋線の終点は所沢でも飯能でもなくて、吾野《あがの》駅。島式のホームがひとつあるだけの山間部の小さな駅で、首都圏を代表する通勤路線の終点という面影はほとんどないが、西武池袋線のれっきとした終点なのだ。一体なぜ、こんなローカル駅が池袋線の終点なのか。それは、池袋線と吾野駅で連絡している西武秩父線の建設過程に答えがある。

◆約40年間も〝終点〟だった吾野駅

西武池袋線は、もともと武蔵野鉄道という私鉄会社によって建設された。順次路線を延ばして1929年には吾野駅ま

写真：Nyao148CC

吾野駅は山中の駅とは思えないほど立派。これも終点駅のなせるわざ!?

で開業している。その後、西武新宿線を運営していた西武鉄道と合併し、池袋線も西武線の仲間入りを果たしている。だが、その頃にはまだ西武秩父線は存在しておらず、正真正銘吾野駅が西武線の終点だった。

西武秩父線が開業したのは1969年。秩父地方の観光輸送と石灰石の輸送を目的に建設されたのだが、その開業前には同じ区間の免許を武州《ぶしゅう》鉄道と争うという出来事があった。結果として両社に免許は降りるのだが、武州鉄道の贈賄が発覚し、岸信介内閣の運輸大臣楢橋渡《ならはしわたる》が逮捕されるという事件も起きている。こうして吾野駅から延伸するような形で秩父線が開通した。つまり、吾野駅は40年間も〝終点〟だったが、この延伸で〝途中駅〟のような存在になってしまったのだ。

現在、池袋線の運行系統は飯能《はんのう》駅で完全に分断されている。そのため、本来池袋線のはずの飯能～吾野間は、西武秩父線と一体となった運用。それでも早朝に吾野駅始発の列車があるあたりは、〝終着駅〟の名残なのかもしれない。

新京成電鉄
新京成線

やたらとカーブが多いのは旧帝国陸軍のせい？

概要

開業
1947年
12月27日

駅数
24駅

進行速度
最高85km/h

松戸駅から京成津田沼駅までを結ぶ新京成電鉄新京成線。千葉県西部の諸都市を結ぶ近郊型路線として、沿線住民に欠かせない足となっている。この路線の特徴は、とにかくカーブが多いこと。松戸と津田沼は直線距離では約16㎞だが、新京成線では右へ左へカーブを繰り返し、26・5㎞で結んでいる。どうしてこんなカーブばかりの路線ができたのだろうか。カーブのおかげで列車の速度も抑えられ、鉄道の利点を活かしている路線とは言いがたいのだが……。

◆もともとは陸軍の演習線だったという歴史を持つ

新京成線はその名の通り京成グループの路線のひとつだが、実は京成・新京成によってゼロから建設されたわけでは

新塗装となった新京成線のN800形車両。伝統的なマルーン帯から、ピンクが鮮やかな車両になった。

ない。そもそもこの路線は戦前に帝国陸軍鉄道連隊の演習線として建設された路線がベースになっているのだ。戦地などで輸送のために鉄道を敷設することを想定した訓練。そのため、カーブの多い路線を建設する必要があったという説が濃厚だ。そして、それが戦後になって民間に払い下げられた。京成と西武で争った結果、西武サイドが高田馬場〜西武新宿間の延伸免許と引き換えに京成に譲る形となったというエピソードが伝えられている。開業したのは1947年のことだ。ただ、演習線は今よりももっと複雑で急なカーブもたくさんあった。それをそのまま旅客線にしては不便すぎるということで、多少経由ルートの変更なども行われ、今にいたっている。

　開業当初の沿線はまったく開発が進んでおらず、荒野が広がっていたという。しかし、1960年代にかけて常盤平《ときわだいら》団地や高根台《たかねだい》団地が相次いで建設されて人口が急増。今ではこれらの団地の老朽化と住民の高齢化が新京成沿線の課題のひとつとなっている。

成田スカイアクセス線

在来線では日本一速い！160㎞／h運転が許されるワケ

概要

開業
2010年7月17日

駅数
8駅

進行速度
最高160km/h

日本で一番スピードの速い列車は、もちろん新幹線だ。東北新幹線E5系の時速320㎞は営業列車としては日本一だ。では、在来線で最も速いのはいったいどこの路線なのか。答えは、京成電鉄成田スカイアクセス線の特急「スカイライナー」。2010年に開業した、京成上野～成田空港間を時速160㎞という速度で結ぶ。

◆踏切ゼロなどで時速160㎞を実現

そもそも鉄道の最高速度は、2002年以前は鉄道運転規則の〝600m条項〟によって定められていた。これは〝非常ブレーキをかけてから600m以内に停止させるべし〟というもの。新幹線は特例法で高速運転可能な設備（高架など）

新幹線と言われてもおかしくない、流線型が美しいスカイライナーAE形。

を持っていることでこの条項の例外扱いになっている。鉄道運転規則自体は2002年に廃止されたが、それでも〝非常ブレーキで600m〟という基準は今も生きており、これに基づいて大半の在来線では、最高でも時速130㎞にとどめている。もちろん、最高速度にはこの600m条項だけでなく、曲線の角度や分岐器、軌道、信号設備の強化が必要だが、こうした理由で在来線の最高速度は制限されているのだ。

そんな中、スカイライナーは一切踏切がなく、軌道や信号設備が強化されていること、さらに車輪の幅がJR在来線よりも広い、いわゆる〝標準軌〟で高速運転時も車体が安定することなどから、時速160㎞運転が許されているのだ。

ちなみに、2015年3月までは北越急行ほくほく線の特急「はくたか」も時速160㎞で運転していた。スカイライナーとは異なり狭軌だったことなどから特別な存在感を持つ列車だったが、北陸新幹線の開業によって「はくたか」は廃止されてしまった。

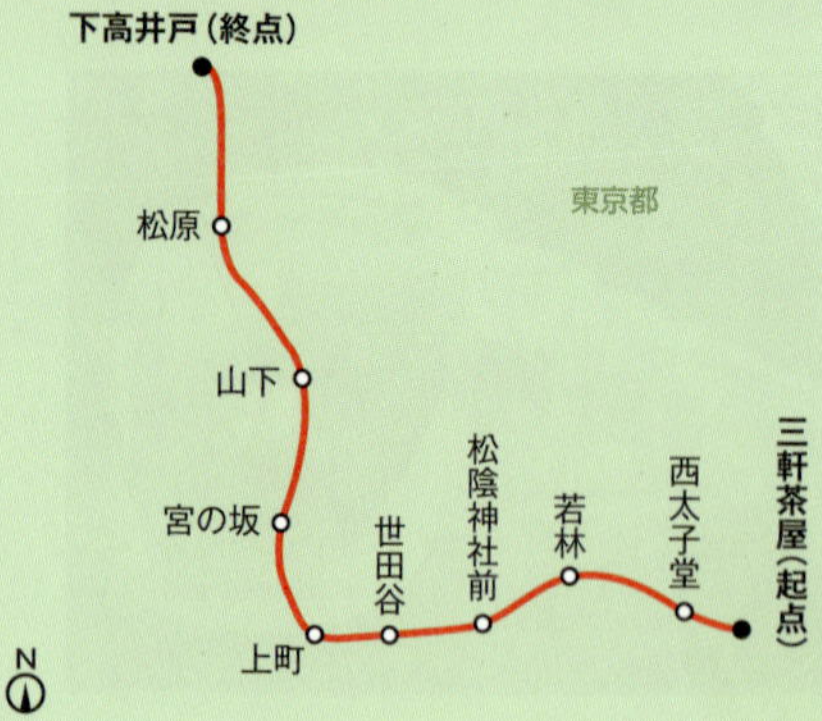

東急世田谷線

路面電車形式の路線が今も残る理由とは

東京の路面電車といえば、都電荒川線。今も〝唯一の都電〟として早稲田～三ノ輪橋間を走り続けている。が、都電としては唯一でも、路面電車としては唯一ではない。もうひとつ、東急世田谷線。こちらも〝路面電車〟の仲間だ。ひとくちに路面電車と言うけれど、これは法律上〝軌道線〟に分類され、軌道法という法律に基づいて建設されたものだ。一方の山手線などの普通の鉄道は鉄道事業法に基づいている。実際に軌道法で建設されたものの事実上普通の鉄道として運用されているものもあるので、明確に区別することは難しいのだが、いずれにしても東急世田谷線は軌道法に基づく路面電車だ。ただ、道路の上を走る〝併用軌道〟がないために、一般的には路面電車とは認識しにくいかもしれない。

概要

開業
1925年1月18日

駅数
10駅

進行速度
最高40km/h

玉電として親しまれている、東急世田谷線の車両。カラーは車両ごとにモーニングブルー、チェリーレッドなど様々。

◆昔懐かしの〝玉電〟の名残・世田谷線

世田谷線は、古いファンには馴染み深い〝玉電《たまでん》〟の名残という一面もある。玉電は、1907年に玉川電気鉄道によって渋谷～玉川間で開業したのが始まり。その後路線を延ばし、1925年には三軒茶屋～下高井戸間も開業している。1938年に東急の前身である東京横浜電鉄に買収されて玉川線となった。国道246号上を走る路面電車として愛され、多くの利用者を抱えて戦後も活躍を続けている。

しかし、国道246号（玉川通り）上に首都高渋谷線の建設が決まり、さらに地下を走る路線（後の新玉川線、現在の田園都市線）の計画も持ち上がり、1969年に玉電の渋谷～三軒茶屋間が廃止されてしまった。ただ、専用軌道のみの三軒茶屋～下高井戸間は生き残り、世田谷線と名を改めて今も走っているというわけだ。だから、古くから沿線に暮らす人は、世田谷線のことを今でも〝玉電〟と呼んでいる。

肥薩おれんじ鉄道線

出水駅から真っ直ぐ南に向かわずに迂回する理由

概要

開業
1922年
7月1日

駅数
28駅

進行速度
最高95km/h

鉄道路線のルート決定には、いろいろな要素が絡んでいる。特に明治期に建設された路線は、主要都市を結ぶという目的のもと国の意向が強く働くことが多かった。住民の意向が考慮されることはほとんどなく、事前の計画が変更されるなど滅多にない。そんな中、肥薩《ひさつ》おれんじ鉄道線は〝予定ルートが変更された〟という稀有な歴史を持つ路線だ。

◆出水駅付近の山側への迂回は〝鶴〟が理由？

肥薩おれんじ鉄道は九州新幹線新八代～鹿児島中央間の開業にともなって2004年に発足した第三セクター。鹿児島本線八代～川内間の運営を引き継いで、今は観光列車「おれんじ食堂」などでも知られている。と、歴史の浅いおれんじ

かわいらしい、イベント兼用車両の「おれんじちゃん」。

鉄道だが、鹿児島本線を引き継いでいるわけで、路線そのものは１９２２年開業と国内でも屈指の古さを持つ。当時は肥薩線が鹿児島本線だったため、〝川内《せんだい》線〟として建設されたが、この路線の出水駅付近が問題の〝ルート変更区間〟だ。

出水駅付近、出水平野を走るおれんじ鉄道は、平野の海側ではなく山に近いところを迂回するように走っている。主要都市をできるだけ直線で結び、山や川などを避ける。それがルート決定の要諦だから、平野部を迂回するというのはやや不自然だ。これは、建設時に鳥類学者内田《うちだ》清之助《せいのすけ》によって「鶴の飛来地を迂回すべし」という要望が出たため。出水《いずみ》平野は江戸時代から鶴の飛来地として知られており、江戸時代には薩摩藩によって保護されていたほどだ。明治初期には乱獲で一時期減少するが、１８９５年の狩猟法制定以降は再び保護されるようになっていた。こうした流れの中での、鳥類の権威でもあった内田清之助の要望を鉄道省も無視はできず、現在のルートになったのである。

名鉄
名古屋本線

豊橋駅付近でＪＲと路線を共有している謎

■概要■

開業
1914年1月23日
（西部線開業）
1917年3月7日
（東部線開業）
1944年9月1日
（東西連絡線開業）

駅数
60駅

進行速度
最高120km/h

名古屋鉄道名古屋本線――。豊橋駅から名鉄名古屋駅を経由して名鉄岐阜駅までを結ぶ、営業距離99・8㎞に及ぶ国内の私鉄路線の中では有数の長大路線のひとつだ。〝鉄道ファン〟目線での見どころも多く、犬山線や常滑《とこなめ》線など各方面へ向かう列車がひっきりなしに行き交う名鉄名古屋駅はしばしば注目を集める。そんな中で、ここでは端っこの豊橋駅付近の〝共有線路〟を取り上げよう。

◆豊橋駅乗り入れ時の約束が今も守られる

名鉄本線は豊橋駅から豊川を渡るまでの区間、ＪＲ東海の東海道本線と飯田線に並行している。そして、なんと飯田線とは線路まで共有しているのだ。詳しく言えば、名鉄が豊橋

JRと線路を共有しているため、乗り換えも簡単にできる（写真は豊橋駅）。

行きの単線、JR東海が名古屋方面の単線を所有し、ふたつの単線を組み合わせ、あたかも複線のように扱ってそれぞれの電車を運行している。ただ、優先されるのは名鉄本線ではなく飯田線なので、名鉄は豊橋までの乗り入れが1時間あたり最大で6本までに制限されている。

こうした〝線路共有〟になったのは、名鉄本線開業時のエピソードが関係している。名鉄の名古屋～豊橋間は、1927年に愛知電気鉄道によって全線開通。その前年には当時豊橋駅の隣駅だった小坂井駅まで開業していたが、その時すでに飯田線が豊川鉄道によって豊橋まで乗り入れていた。そこで、愛知電気鉄道は豊橋まで単線の線路を敷設し、既存の豊川鉄道の単線と併用して複線化し、豊橋に乗り入れることに。その後、愛知電気鉄道は名古屋以北を建設した名古屋鉄道と合併して名鉄名古屋本線になり、豊川鉄道も国鉄（現JRの飯田線）となった。それでも開業時の〝単線を共用する〟という約束は守られ、今に至っているのだ。

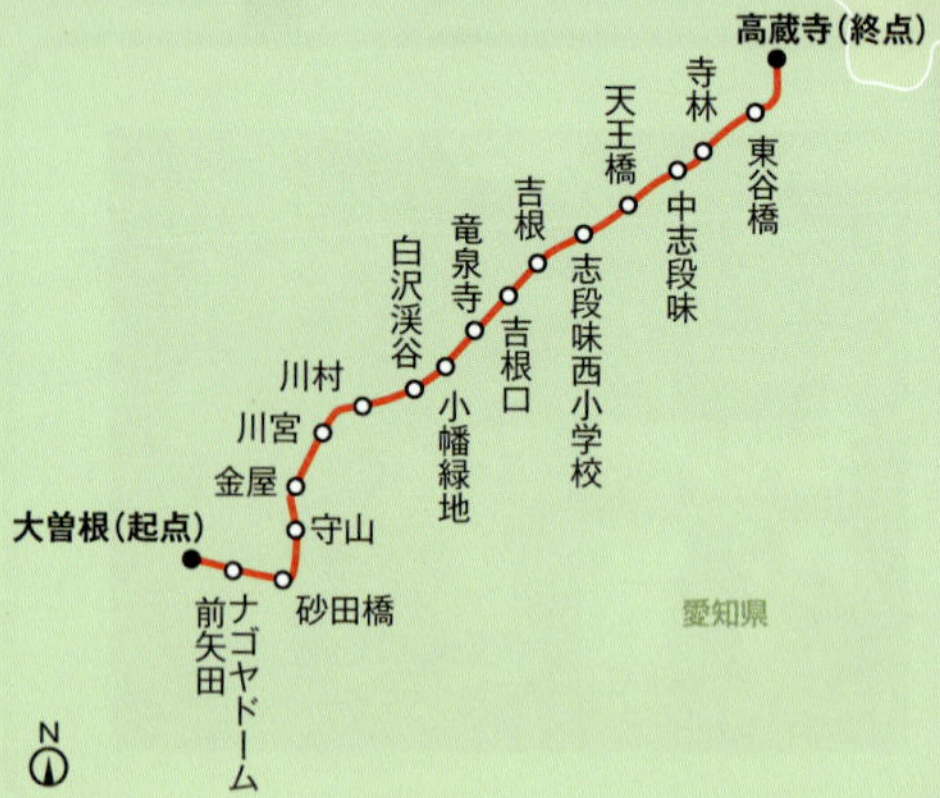

ゆとりーとライン

日本唯一の斬新なシステム〝ガイドウェイバス〟とは

概要

開業
2001年
3月21日

駅数
37駅

進行速度
最高60km/h

〝鉄道〟と言われて一般的にイメージされるのは、〝2本のレールの上を鉄の車輪が走る〟というものだ。だが、実際に鉄道というくくりで表現されるものは多種多様。例えば、名古屋ガイドウェイバス志段味《しだみ》線もそのひとつ。新交通システムとして扱われているが、法律上は軌道法に基づくれっきとした鉄道の一種だ。

◆専用軌道も一般道も走れるガイドウェイバス

レールと車輪ではなく、正真正銘の〝バス〟として走っている。ただ、普通のバスと違うのは道路の上ではなく専用の走行路の上を走るということ。そして、この専用走行路はバスの車体幅（正確にはタイヤの幅）にあわせたガイドウェイ

かなり珍しいタイプのガイドウェイバス。ハンドル不要の走行路だ。

が設置されており、ハンドル操作ではなくこのガイドウェイに従って走っていく。さらにこのシステムの優れたところは、専用の走行路がある区間ではハンドル不要のバスになり、一般の道路に出たら普通のバスとして走ることもできる、ということだ。これで、交通渋滞の激しい都市部は専用の走路を走り、交通量の少ない郊外に出たら一般道を走るという柔軟な運用が可能になるのだ。実際に志段味線ではそのメリットを最大限生かした運行を行っている。

志段味線は、大曽根《おおぞね》〜小幡緑地《おばたりょくち》間を結ぶ路線で、通称は〝ゆとりーとライン〟。大曽根では名古屋市営地下鉄と連絡しており、郊外の小幡緑地駅からは専用走行路を外れて一般道に入り、以降は通常のバスとして運行されているのだ。

似たような仕組みなのが、JR東日本の大船渡線や気仙沼線の一部線区。被災路線の早期復旧を目指してバスで再開したもので、専用の走路を走る区間もある。ただ、ガイドウェイがあるタイプは日本ではゆとりーとラインだけだ。

大井川鐵道 井川線

山奥を走る日本唯一の〝アプト式〟鉄道

概要

開業
1935年3月20日（専用鉄道）

駅数
14駅

進行速度
不明

鉄道は勾配に弱い。そもそも鉄のレールと鉄の車輪で走るおかげで摩擦抵抗が少ないのでエネルギー効率がいい、というのが鉄道の何よりの強みのひとつ。ただ、それでは摩擦力（粘着力）を頼りに坂を登る勾配ではとんと役に立たなくなってしまうのだ。通常の方式の鉄道では30‰（パーミル）程度が限界だと言われている。そこで、急な勾配を乗り越えるために様々な方法が使われている。スイッチバックやループ線で少しずつ登っていくほか、大井川鐵道井川線で見られる〝アプト式〟も勾配に弱い鉄道が急坂を登るための方法だ。

◆信越本線碓氷峠越え以来の〝アプト式〟鉄道

大井川鐵道といえば、SLや〝きかんしゃトーマス〟で有

急坂を登るアプト式鉄道は、日本ではここが唯一の営業路線。

名な静岡県西部のローカル線のひとつ。金谷〜千頭《せんず》間を結ぶ本線と千頭〜井川間を結ぶ井川線を運営している。そして、“アプト式”が使われているのは井川線のほうだ。沿線に住民はほとんどおらず利用者はほとんど観光客。長島ダムのダム湖上に浮かぶ奥大井湖上駅は秘境かつ絶景駅のひとつとしても知られている。そして、そんな井川線のアプトいちしろ〜長島ダム間がアプト式になっているのだ。

アプト式は、簡単に説明すれば２本のレールの中央にギザギザのラックレールが敷設されており、車両側に設けられているギア（歯車）と噛みあわせて急坂を登る仕組みだ。山岳鉄道の多いスイスなどでも多く使われている方式で、日本でも信越本線横川〜軽井沢間の“碓氷峠越え”でも１９６３年まで用いられていた。井川線で使われるようになったのは１９９０年から。観光列車として、これからも日本で唯一の“アプト式”は走り続けることだろう。

西鉄天神大牟田線

ＪＲ鹿児島本線と並行しているのに接続駅が大牟田だけなのはなぜ？

概要

開業
1924年4月12日（九州鉄道）
1912年12月30日（大川鉄道）

駅数
48駅

運行速度
最高110km/h

大手私鉄の中で唯一九州、福岡県内の通勤・通学の大動脈を担っている西日本鉄道。その中でも西鉄福岡（天神）～大《おお》牟田《むた》間を結ぶ天神大牟田線は、福岡県西部を南北に結ぶ路線として沿線住民の欠かせない足になっている。

この天神大牟田線、西鉄の鉄道事業においては最大の〝ドル箱〟路線的な存在で〝本線〟のような存在。しかし〝本線〟と名付けられていないのは、西鉄発祥の歴史に理由がある。

西鉄はもともと北九州周辺で路面電車を運営していた九州電気軌道が前身。戦時中に現在の天神大牟田線を運営していた九州鉄道と合併して西鉄が発足した。その後、北九州周辺の路線は廃線となり、天神大牟田線がドル箱路線として残った。

このため、本来の西鉄のルーツからすれば、天神大牟田線は

写真：わたらせみずほ

大牟田線と鹿児島本線で唯一乗り換えができるのが、この大牟田駅だ。

〝本線〟ではないというわけだ。

◆同一駅で乗り換えられるのは大牟田駅のみ

そんな西鉄の天神大牟田線、路線の大半でJR九州の鹿児島本線と並行しており、交差すること2回、さらに両路線の駅が徒歩圏内の近さにある場所も多い。ただ、同じ駅施設で乗り換え可能な駅は終点の大牟田駅だけだ。もともと似たような区間を走るライバル関係にあるわけだから、互いに乗客を奪い合うような駅の設置は望まないというのが背景にあるようだ。ただ、西鉄は天神、鹿児島本線は博多と福岡市街地の駅が異なるため、利用者にとっては便利とは言えない。そのため、オーバークロスする井尻～雑餉隈《ざっしょのくま》間に両路線の共同駅を設置する計画がかねてから存在している。ただ、これも近隣施設との兼ね合いなどがあり、実現の可能性はまだ見えてこない。西鉄天神大牟田線と鹿児島本線の〝ライバル関係〟に決着が付く日は来るのだろうか。

関東鉄道常総線

大都市近郊の路線にして全線非電化複線の理由

関東鉄道常総線は鬼怒川に沿って取手《とりで》～下館《しもだて》間を走る路線だ。もともとは田園地帯が広がるエリアを走るローカル線だったが、１９７０年代以降に大規模開発が進んで沿線人口が急増し、今では首都圏への通勤路線として多くの利用者を抱えている。ただ、こうした路線はたいてい〝電化〟されているもの。運行本数が多くなれば、気動車を走らせるより電車のほうがエネルギー効率が遥かに効率的だからだ。

◆地磁気観測への影響を考慮した〝非電化複線〟

しかし、常総線は開業から１００年以上たった今も〝非電化〟のまま。特に利用者の多い取手～水海道間は複線化しているので、世にも珍しい〝非電化複線〟の鉄道路線なのだ。

概要

開業
1913年
11月1日

駅数
25駅

進行速度
最高90km/h

のどかな森林地帯を走る常総線車両。珍しい非電化の複線。

これには、沿線の石岡市にある気象庁地磁気観測所が関係している。もちろん利用者の増加に伴って電化は検討されたのだが、都市部に一般的な直流電化をすると地磁気に影響を与えてしまうという問題がある。それでは地磁気の観測が正しくできなくなるため、観測所の半径40㎞以内は直流電化することが法令で禁止されていた。そこで、電化区間全体を細かく分割し、こまめにデッドセクションを設けて変電所を設置する方式〝直直《ちょくちょく》デッドセクション〟を検討した。実際に気象庁もこの方式での電化なら地磁気観測に影響を与えないことを確認している。しかし、変電所の設置数が増えるなどコスト面がかえって高くついてしまうというデメリットがあった。こうした経緯から、結局常総線は電化を諦めて〝非電化複線〟という変わった方式での運営を続けているのだ。

ちなみに、近くを通るつくばエクスプレス線は交流電化。守谷以南は直流となっている。ただ、交流電化は車両コストの高さなどもあるため、常総線での採用は難しかったようだ。

黒部峡谷鉄道

黒部観光に欠かせない列車なのに一般利用できない駅が6つも!

概要

開業
1926年
10月23日
(専用鉄道として)

駅数
10駅

進行速度
最高35km/h

北陸新幹線の開通で、多くの観光客が訪れている北陸地方。数ある観光地の中でも、富山の黒部観光はひとつの目玉にもなっている。特に、黒部峡谷鉄道のトロッコ列車は列車の中から黒部峡谷の絶景を眺めることのできる最高の〝鉄道旅〟スポットとして知られる。

◆降りることのできない途中駅が6つも!

この黒部峡谷鉄道は、富山地方鉄道本線と接続する宇奈月《うなづき》駅から欅平《けやきだいら》駅までを結んでいる。途中で下車できる駅は黒薙《くろなぎ》駅と鐘釣《かねつり》駅の2つだけ。積雪が多い冬場は運休するというのも特徴のひとつだ。そしてもうひとつ、下車・降車することはできない駅が途中に6つもあるというのもポイントだ。

黒部渓谷鉄道のシンボルは、このトロッコ列車。

なぜ降りることのできない駅があるのか。それは、そもそもこの路線が旅客輸送をするために作られた路線ではないからだ。開通したのは1926年。黒部川を利用した発電所建設を計画していた日本電力によって作られた。1937年には全線で開通しており、建設用の資材や作業員を輸送するための専用鉄道として運行されている。しかし、もともと登山・観光の名所だった黒部川沿い。乗車を希望する人が後を絶たず、〝生命の保証をしない〟という注意書きのある便乗券を発行して一般客の利用を認めることになった。戦後になって路線が関西電力に引き継がれたのち、1953年に旅客営業鉄道路線になった。このような経緯があるため、今も作業員専用の駅が6つも残っているというわけだ。

なお、黒部峡谷鉄道の路線としては欅平駅までだが、さらに専用鉄道として黒部川第四発電所まで延びている。これは正真正銘の発電所のための資材・作業員輸送用の路線で、関西電力関係者以外、原則として乗車することはできない。

知られざる鉄道路線の謎

番外コラム

私鉄の謎

◆そもそも私鉄とは何か?

日本で私鉄と呼ばれる場合、国鉄の流れであるJRグループや第三セクター、また東京メトロや自治体の交通事業なども除いた、民間企業が運営する鉄道を指す。事業者は基本的に、日本民営鉄道協会に所属している。その意味では東京地下鉄も私鉄ではあるが、全株式を日本国政府と東京都が保有しているため、私鉄とは区別される場合が多い。

明治時代には、日本鉄道・山陽鉄道・関西鉄道・九州鉄道・北海道炭礦《たんこう》鉄道が五大私鉄と呼ばれたが、時代が下り現在では、西武鉄道・東武鉄道・小田急電鉄・南海電気鉄道など15社が大手私鉄とされている。

地図上ではJRと私鉄は異なる記号で記されているが、このように民営化された元・国有鉄道と、その他の私鉄を区別して表示する例は、世界でもまれである。

貨物列車、索道《さくどう》(ロープウェイ・ケーブルカー)などを除いて、

ＪＲや公営以外の旅客運送鉄道事業者が存在しない都道府県もある。北海道、大分県、宮崎県である。北海道では、２００６年に第三セクターの北海道ちほく高原鉄道が廃止となり、宮崎県でも２００８年に第三セクターの高千穂鉄道が廃止となったためである。逆に沖縄県の全鉄道路線は第三セクターの沖縄都市モノレールのみである。

◆私鉄会社は鉄道営業以外でも稼いでる？

まず鉄道会社の全収益に対する鉄道営業利益の割合だが、東京メトロの約95％に対して、小田急電鉄・京王電鉄・近畿日本鉄道・名古屋鉄道・東武鉄道・京成電鉄が60～70％程度、南海電気鉄道・京浜急行電鉄・西武鉄道が50～60％程度、京阪電気鉄道・東京急行電鉄・阪急電鉄が40％代、阪神電気鉄道・相模鉄道が30％台、西日本鉄道にいたっては約17％となっている。

私鉄会社はコングロマリット（複合企業）を形成している場合がほとんどであり、参入業種は百貨店、不動産業、レジャー関連、宿泊施設などが多い。また沿線の大規模な宅地造成やリゾート開発、さらにオフィスビルの建設やマンション分譲を手がける企業も少なくない。

他業種の割合が最も多い大手私鉄会社である西日本鉄道だが、その中でもいちばん大きく事業展開してきたのがバス事業である。１９８０年代には３５００台以上のバス車両を保有していた。しかし、１９００年代から縮小・分割が進み、２０００年代には赤字に転落している。その他、国際物流、遊園地・動植物園、不動産、保育園など様々な事業展開を行っている。

また過去には、大手鉄道会社によるプロ野球球団の所有が多数みられた。関西地区では現在も阪神が単独所有する阪神タイガースが存在するが、現在の西武ライオンズは、かつて西鉄の所有であった。また、現在の北海道日本ハムファイターズの前身は、東急フライヤーズである。ちなみに東京ヤクルトスワローズが国鉄スワローズとして活動した時期もあった。しかし国鉄は日本国有鉄道法によって事業活動が制限されていたため直接球団を保有できなかった。そこで外郭団体と民間企業が出資して株式会社国鉄球団を設立して運営した。

◆他業種から鉄道事業に参入する場合は？

逆に、他の業者が鉄道事業に参入する場合もある。不動産会社の山万《やままん》が、同社が開発したユーカリが丘ニュータウン内に1982年に山万ユーカリが丘線を敷設。社内の鉄道事業部で運営している。計画当初は当時の運輸省から「不動産業者が電車を走らせるとは何事だ」と否定的な態度を取られたという。東京ディズニーリゾートを経営・運営するオリエンタルランドの子会社・舞浜リゾートラインは、ディズニーリゾートラインを運営している。しかしオリエンタルランドの筆頭株主は京成電鉄であり、大手私鉄とのつながりは大きい。

第1章
鉄道路線の謎ベスト50
地下鉄編

都営大江戸線

大江戸線月島駅が、有楽町線よりあとにできたのに上にある理由

概要

開業
1991年
12月10日

駅数
38駅

進行速度
最高70km/h

東京を網の目状にくまなくカバーし、張り巡らされたクモの巣のように複雑な都心の地下鉄網。しかし路線図の複雑さをいい意味で裏切るように、その使いやすさは旅行で訪れた外国人も感心するほど。駅名を日本語だけでなく英語や中国語などで表記していたり、色や数字でも判別できるようにするなど、初めて利用する外国人でも迷わないように乗りこなせる工夫がそこかしこにしてあるのだ。ここまで発達した地下鉄網は、世界有数どころか世界一と評価されることも多い。

◆明治から始まる日本の地下鉄史

日本の地下鉄の歴史をひもとくと、その端緒は1906年に申請された東京地下電気鉄道という名の高輪～浅草間の計画に見られる。この申請は実際に建設をするためというよりも、先に鉄道免許だけ取得しておいて権利だけ確保するのが狙いであった。しかし、この明治の地下鉄計画はまだ計画と呼べるようなものでもなかったため、東京市議会により却下されている。

建設を前提として申請が行われたのは、大正時代に入ってからだった。申請をしたのは東京地下鉄道の創業者、のちに〝地下鉄の父〟とも呼ばれる早川徳次《はやかわのりつぐ》である。早川は早稲田大学を卒業後、南満州鉄道に入社し、その後鉄道院に入局するなど、国の鉄道政策と深く関わる経歴をたどってきた。その後は郷里の先輩であった根津嘉一郎《ねづかいちろう》に見出され、経営者として辣腕《らつわん》をふるっていくつものローカル鉄道を立て直す活躍を見せている。

その早川が海外視察としてロンドンを訪れた際、何より驚いたのが地下鉄の存在だった。都市の公共交通としての地下鉄の必要性を痛感した早川は、早速東京に戻って東京軽便地下鉄道を設立し、地下鉄建設計画を策定して免許を申請したのが1917年であった。

当初は難工事が予想されたことや、事業として成り立つか不透明だったために申請が通らず、早川の粘り強い説得によってようやく免許がおりたのは1919年のこと。その間に、早川の後に続けとばかりに他社も次々と計画を申請し、同時期に早川の計画を含む4路線の計画に認可がおりている。

早川は免許交付を受けた翌年に東京地下鉄道株式会社を設立し、調査を進めて1925年に上野～浅草間の工事に着工。2年後の1927年に営業を開始した。これが、日本で初めての地下鉄とされる、銀座線の原型である。

◆戦後に再開された地下鉄建設

その後も地下鉄の計画が次々と持ち上がっていったが、第二次世界大戦が始まったために地下鉄の事業はすべてストップしてしまう。東京で2番目の地下鉄である丸ノ内線が開通したのは、戦後になった1954年のことだった。銀座線開通から、実に27年後である。

その後、何度も計画を練り直し、都営大江戸線が計画の俎上《そじょう》に上がったのは1968年の都市交通審議会答申第10号において。当時は大江戸線の名はなく、都心の地下鉄路線としては12号の番号が振られていた。

この番号の振り分けは、都市交通審議会答申において便宜上なされたものであり、それぞれ1号線が都営浅草線、2号線がメトロ日比谷線、3号線がメトロ銀座線、4号線がメトロ丸ノ内線、5号線がメトロ東西線、6号線が都営三田線、7号線がメトロ南北線、8号線がメトロ有楽町線、9号線がメトロ千代田線、10号線が都営新宿線、11号線がメトロ半蔵門線、そして12号線が都営大江戸線であり、最後の13号線がメトロ副都心線となっている。基本的にはこの番号通りに建設が進められ、開通も一部先行開通を除けば順番通りになっている。

都営大江戸線は地下深くに設置された鉄道として知られるが、意外にも月島駅の深さはそれほどでもない。

◆綿密な計画により生まれた月島駅の逆転現象

最も新しい副都心線が13号であるから、大江戸線は現状では最後から2番目に開通した地下鉄となる。さて、後から開通した路線ほど地中深くに建設されるのが常識の地下鉄。しかし、不思議なことに有楽町線と駅を供用する月島駅だけは、先に開通した有楽町線ホームのほうが地中深くに設置されている。

これは、１９６８年の時点では、有楽町線の計画が都心から明石町駅（現在の新富町駅）までしかなかったため。その後、都市交通審議会答申第15号において月島駅経由で新木場駅を結ぶ延伸が策定された。そのため、後から計画された有楽町線のほうが交差する月島付近では地下深くを通る路線となったのである。２０００年に全面開通した大江戸線が、実は１９６８年には建設計画がほぼ決まっていたからこそ起こった珍現象なのである。

東京メトロ 丸ノ内線

戦後開通した路線だが戦前から工事は始まっていた！

前項の大江戸線でも述べたとおり、地下鉄事業は大正時代に本格的な幕開けをしたものの、現在の銀座線が開通した後は第二次世界大戦の影響でしばらく計画がストップしてしまった。ようやく東京で2番目の丸ノ内線が開通したのが1954年だったのだが、もちろん戦前から計画されていた路線であり、着工も戦前に始まっていた。

◆最初は新宿からスタートするはずだった

丸ノ内線の記録をたどると、1925年に内務省が告示した報告書によれば、新宿から築地を経由してぐるりと北へ向かい、大塚を結ぶ路線となっていたことがわかる。銀座線の着工と同じ年には計画されており、その後も計画は生き続け

概要

開業	1954年1月20日
駅数	28駅
進行速度	75 km/h（本線） 65 km/h（分岐線）

て1942年になってようやく赤坂見附～四谷見附の建設が着手された。この時には計画が微調整されていて、新宿より西側の中野区富士見町が起点となって、大塚より北、池袋をさらに下って豊島区向原《むこうはら》町を結ぶルートになっていた。

しかし太平洋戦争の悪化によって物資不足が深刻になり、1944年に工事は中止。戦後の1949年になって再開されるが、その際は池袋～神田間の建設から始まっている。その後、紆余曲折を経ながらも工事は進められ、1954年に池袋～御茶ノ水間で営業開始。1962年には延伸計画が策定され、「荻窪および方南町の各方面より」新宿、西銀座（現・銀座駅）、池袋を経て、「向原（現在の小竹向原）を経て成増方面に至る路線」となった。現在、池袋以北は地下鉄第8号線である有楽町線の管轄となり、丸ノ内線の起点は池袋に戻されている。

◆真っ赤な車両がトレードマーク

地下鉄開発は戦後に再開されたが、その目的は戦後の荒廃を復興するための一助となることであった。そのため、関係者に気合が入っていたのかどうかは定かでないが、丸ノ内線はオシャレな印象が当時からあった。銀座線と同じく浅い地下を走っているためにところどころ地上に顔を出し、御茶ノ水付近では鉄橋で神田川を渡るなど景観も楽しめるようになっている。また、当時導入された車両も真っ赤な車体に白いラインが入っているという、モダンな雰囲気にあふれたデザインで、かなりの話題になった。

この車両、当時の営団地下鉄幹部が欧州に視察に行き、ロンドンの真っ赤なダブルデッカーバスや、タバコの箱のデザインから着想したとの伝説がある。ロンドン交通の象徴を、新しい公共交通復活のシンボルとして取り入れようとしたのなら、なかなかのセンスである。デザインだけでなく、高性能モーターや両開きのドアなど、最新技術が盛り込まれた傑作車両であり、関係者も胸を張る出来栄えだった。こうして戦後地下鉄事業の皮切りとして開通した丸ノ内線であったが、便利であるがゆえに利用者が増えると、冷暖房のない地下を満員電車でゴトゴト揺られ、鉄輪と軌条がこすれる、耳をつんざくほどの騒音で乗客を悩ます交通手段として、特に夏場などは敬遠されてしまうこともあった。

◆傑作車両は遠いアルゼンチンの地で活躍

真っ赤な車両は、順次新しいカラーリングの02形に置き換えられ、1996年の方南町方面支線で使われていた車両を最後に引退してしまった。だが、車両全てがスクラップになってしまったかというとそんなことはない。実は何両かの車両は別の路線でその後も運行されていたのである。そのひとつが銚子電気鉄道。引退後に譲渡された車両を、2015年1月10日まで使用していた。パンタグラフを載せるなどして当時の面影はやや薄くなってしまったものの、

アルゼンチンのブエノスアイレス地下鉄で運行している、丸ノ内線車両。塗装も当時のままだ。

真っ赤な車体に白いラインの昔なつかしい車両に最近まで乗ることができた。

もうひとつ、日立電鉄にも譲渡されたことがあったが、日立電鉄自体が2005年に鉄道事業が廃止されてしまったため、残念ながら真っ赤な車両を目にすることはできなくなってしまった。

しかし、意外な場所で現在も丸ノ内線車両が活躍する場所がある。それがアルゼンチン・ブエノスアイレス地下鉄だ。ブエノスアイレス地下鉄はかなり歴史のある路線で、開業は1913年と日本より10年以上も早い。しかし、次々と路線を開拓して最新技術を盛り込んでいった日本の鉄道とは違い、外国では古い車両をずっと使用していることも多い。ブエノスアイレス地下鉄も同じで、引退車両にもかかわらず、譲渡された際には最新車両と間違えた、という逸話が残っているほどである。そして現在も、丸ノ内線車両はブエノスアイレスにおいて市民の足として活躍しているのである。

大阪市営 御堂筋線

戦争中は防空壕として市民の命を守った地下鉄トンネル

東京で2番目に開通したのは丸ノ内線だが、日本で、と言うと、大阪の市営御堂筋線となる。私鉄王国と呼ばれた関西の線路網のなかで、新大阪駅と梅田駅、難波駅、天王寺駅を直線で結ぶ同路線は利便性が高く、大阪市の公共交通の大動脈として、現在もその地位を誇っている。

◆防空壕としては使えないはずが……

東京と違って最初から大阪市の主導で建設が進められた御堂筋線は、1930年に建設が始まった。その時の区間は梅田〜天王寺までであり、開業は1933年。各駅とも将来の需要を見越して、高い天井、長大なホームを擁し、天井からシャンデリアをさげる絢爛《けんらん》豪華な造りだった。

概要

開業
1933年
5月20日

駅数
20駅

進行速度
最高70km/h

防空壕としても利用された、御堂筋線。写真は開業当時の淀屋橋駅。

さて、この御堂筋線や東京の銀座線もそうだが、地下鉄は戦時下において防空壕《ごう》に利用できるのでは、という計画が持ち上がることがあった。しかし、空襲で落とされる爆弾に耐えられる構造になっていないという理由で、どちらも却下されてしまい、むしろ崩落の二次被害を避けるために立ち入り禁止にすべき、という話に決着した。ところが、いざ戦争が始まると、空襲による火災で焼け出された大阪市民が御堂筋線の駅入り口に集まったことがあった。

規則では立ち入り禁止にしなければならず、駅員は困り果てた。しかし、ある駅員が規則を破って市民を駅内に収容し、数百人の命が救われたという。この話、実は正確な記録も残っていない都市伝説のような逸話で、真偽の程は確かめようもなかったが、戦後40年もたってある新聞の投書欄に掲載されたことがきっかけで話が広がり、証言者が現れることになった。人情の街・大阪を象徴するような、なんとも心温まるエピソードである。

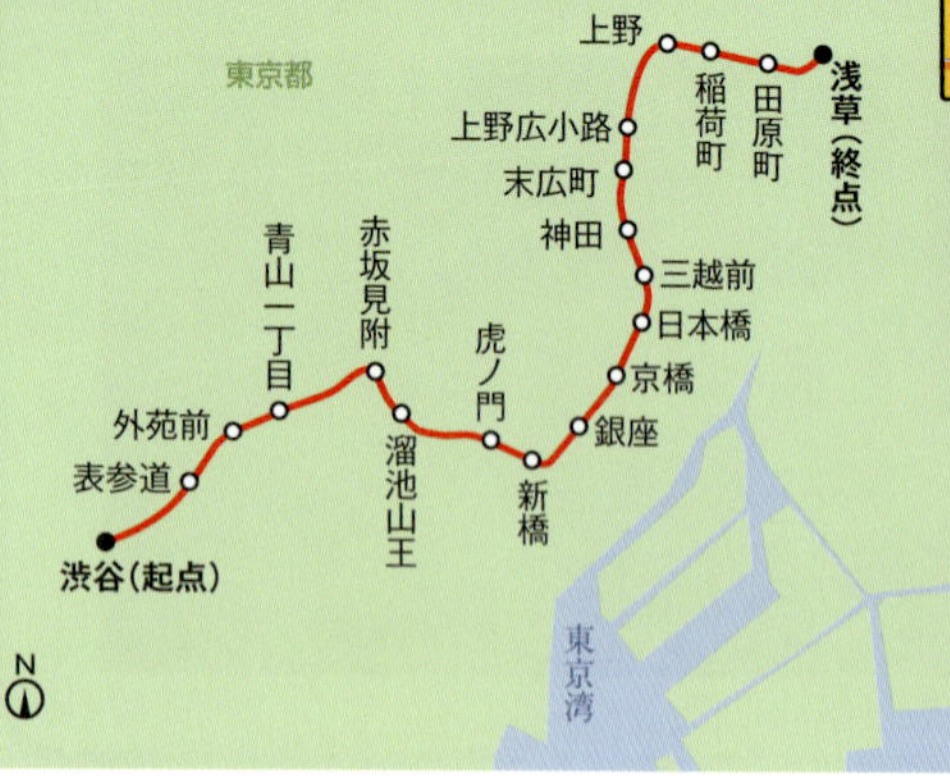

東京メトロ銀座線

東洋初の地下鉄は2つの鉄道会社の抗争の末に全線開通

概要

開業
1927年
12月30日

駅数
19駅

進行速度
最高65km/h

これまで何度か紹介したとおり、東京メトロ銀座線は日本で初めての地下鉄である。設立にあたって「地下鉄の父」早川徳次が主導したのは大江戸線の頁で触れたが、早川が建設したのは浅草〜上野間から始まり、新橋まで。

一方、同時期にもうひとつの地下鉄が建設され、渋谷から新橋までを結んで、早川の地下鉄と直通して現在の銀座線の形になった。この、渋谷〜新橋間を建設したのが、東急池上線の頁でも触れた、〝強盗慶太〟の異名をとる五島慶太であった。

◆熾烈な経営権争い

五島は早川が創設して成功をおさめていた地下鉄事業に食

都民の足として親しまれる銀座線も、開業をめぐって熾烈な争いがあった。

指をのばし、1934年に大倉財閥や早川の東京地下鉄道の協力を得て東京高速鉄道を発足させ、1938年には渋谷～虎ノ門間を開通させた。しかし、ここで五島と他の経営陣との意見が対立する。虎ノ門から東京駅へ延伸すべきとする経営陣と、新橋に延伸して東京地下鉄道の路線に乗り入れるべきとする五島とで激しい対立が発生し、ついに五島は東京地下鉄道の株を買い占め、早川を退陣に追い込む強引な手法をとった。

地下鉄創設に全力を尽くした早川に対するこの仕打ちは大きな批判を呼び、五島と経営陣との対立は1941年の政府による帝都高速度交通営団（営団地下鉄）への経営統合という措置で幕引きするのだが、五島は経営権を剥奪されて、債券の山となった株式を前に人知れず号泣したという。

現在の銀座線の路線は、2人の優れた鉄道経営者がいたからこそ可能な事業であったが、その完成には熾烈《しれつ》な争いが秘められていたのである。

神戸市営
西神・山手線

地下鉄なのに新幹線より高い位置を走る!?

地下鉄の定義はかなり曖昧である。必ずしも地下を走っているばかりではなく、時には地上に顔を出すし、山を繰り抜いたトンネルの扱いも微妙である。しかし、日本に存在する地下鉄の名を冠する路線の中でも、新幹線よりも高い位置を走る西神・山手線ほど奇抜な地下鉄もないだろう。

◆地下鉄なのにほとんど地下を走らない

西神・山手線は、運営する神戸市交通局もそう呼び習《なら》わしているものの、実は正式名称ではない。正確には、西神線・西神延伸線・山手線の3つの路線からなり、新神戸駅から神戸市街を突き抜け、西神ニュータウンを結んでいる。

1977年に西神線が開通した当初は、新長田《しんながた》駅から名谷《みょうだに》

概要

開業
1977年
3月13日

駅数
16駅

進行速度
最高90km/h

地下鉄として区分される西神・山手線だが、ご覧のとおりとても地下鉄には見えない。

駅までを結ぶたった4駅の短い路線だった。その後、山陽新幹線と接続すべく、東に新神戸駅までを結ぶ山手線が敷設され、一方で新しい住宅街である西神ニュータウンへ至る交通手段として西神線が延伸された。

本来なら、ただ延伸しただけであればそのまま西神線でいいはずだが、実はこの延伸した路線はほとんど地下を通っておらず、山岳トンネルはあるものの「地下鉄補助（地下高速鉄道整備事業費補助制度）」を受けていないので、名目上路線名を分けているのだそう。

西神延伸線は神戸市街を出て勾配を登っていく路線だが、名谷を出てすぐ、総合運動公園のあたりで山陽新幹線の路線と交差する。この時、お互いトンネルの中ではあるが、山陽新幹線のほうが低い位置を走ることになる。

西神延伸線は正確には地下鉄ではないとはいえ、西神・山手線は3路線でひとつの地下鉄を名乗っているので、こんな珍事が起こったのである。

大阪市営 谷町線

複合駅名が7つもある理由とは

概要

開業
1967年
3月24日

駅数
26駅

進行速度
最高70km/h

大阪市営地下鉄の中で、最も長い路線距離を誇るのが谷町線だ。路線延長28・1㎞は、日本全国でも第4位となっている。大阪市の東部の官庁街を通ることもあって、利用客数は御堂筋線に続く2位、黒字額は3位となっている。だが、長いのは路線距離だけではない。駅名も、4文字以上の長いものが多いのが、谷町線の特徴となっている。

◆地元愛の強さから生まれた複合駅名

駅名が長いのは、長い地名だからということではなく、2つの地名を複合しているから。複合駅名と言えば、最も有名なのは上越新幹線の燕三条駅だろう。燕市と三条市のさかい目に立地したため、お互いの地名を入れることになったのは

2つの駅名がつながったせいで、長い駅名になってしまっている。

いいのだが、どちらを先に表記すべきかで揉《も》めに揉めて、結局田中角栄の仲裁で現在の名称になった。

谷町線では、当初は地名のさかい目に駅があるというようなことは少なかったのだが、昭和50年代の住居表示変更によって、多くの駅が大字《おおあざ》のさかい目となってしまった。そのため、駅に地名が入らない側の住民から要望が入り、複合駅名が7つもある路線になってしまったのだ。改名することになった駅もあり、「関目《せきめ》高殿《たかどの》駅」は「関目駅」からの改名である。

同じく「四天王寺前夕陽ケ丘駅」は「四天王寺駅」からの改名であるが、この駅に関しては、観光名所をとるか地名をとるかで燕三条駅のように深刻な対立を生んだ経緯もあった。不毛な諍《いさか》いをするくらいなら、長くなっても複合駅名にしてしまうのがいい、という結論に至ったわけである。

地元を愛する気持ちはどこの住民にもあるだろうが、特に大阪はその心が強い傾向にあるようだ。

知られざる鉄道路線の謎

番外コラム

地下鉄の謎

◆地下鉄の定義ってなに?

誰もが地下鉄と聞いて一定のイメージを持つが、日本において地下鉄の定義ははっきりと定められているわけではない。地下を走る鉄道だが、西神・山手線は、都市部は地下を走っているものの、郊外では地下と言うより山をくりぬいたトンネルの中を断続的に走っており、トンネルと地下の違いは? という疑問が残る。また東北新幹線や田園都市線、長野電鉄などは、一部地下を走るが、必ずしも地下鉄とは認識されていない。すなわち、いわゆる地下鉄が全域地下を走っているわけではないのである。

また地下鉄の多くは日本地下鉄協会に加盟しているが、当協会には名古屋鉄道、北総鉄道など地下鉄を持たない事業者も加盟している他、地下鉄を有している全ての事業者が加盟しているというわけでもない。

さらに「トンネル」と「地下」の境界線も曖昧であり、地下鉄の定義をさらに難しくしている。

◆日本初の地下鉄は？

日本初の地下鉄は、1927年に開通した浅草～上野間の東京地下鉄道（現・東京メトロ銀座線）とされる場合が多い。確かに本格的な旅客用地下鉄としては日本初であり、アジア初であったが、一部区間地下を走るということであれば1925年開通の宮城電気鉄道（現・JR仙石線）のほうが2年早い。東北本線と交差する仙台～東七番丁間（約0・4㎞）が地下路線で、東北本線地下に日本初の地下駅、宮電《みやでん》・仙台駅も作られた。また、貨物線を含めると、1915年に開通した逓信《ていしん》省の郵便物搬送用の地下軌道（東京駅～東京中央郵便局）が初ということになる。

◆なぜ東京にはメトロと都営の2社があるの？

東京メトロの起源は浅草～上野間に始まった東京地下鉄道である。これが日中戦争中に、帝都高速度交通営団（国家による統制管理のための経営財団）によって運営されることとなる。そして終戦後、営団の管轄は国鉄と東京都へと引き継がれた。2004年に株式会社化されたが、全株を政府と東京都が持っており、事実上民間会社とはなっていない。

一方、都営地下鉄は、東京都が単独で運営する地下鉄である。戦前、都となる以前の東京市は、市内の交通は全て市が運営すべきであると主張してきた。戦後、東京都となってからも営団地下鉄の解体を主張し続け、1957年に都市交通審議会を通して、既に営団が受けていた第1号線（現・浅草線）の免許の譲渡を受けて、独自に地下鉄経営を開始した。その後、やはり営団の建設計画であった第6号線（現・三田線）と第10号線（現・新宿線）も、都市計画決定により都営地下鉄となった。その後の大江戸線開通を経て、現在へと至る。

つまり、民間企業から国家統制団体へと移行した営団と、東京都の独自経営である都営との軋《あつ》轢《れき》が、東京都の地下鉄を2つに分けてしまった原因だといえる。

◆全国の地下鉄を走るリニアモーターカー

全国の地下鉄で二十数年前からリニアモーターカーが営業走行しているというのは、鉄道ファンの間では有名な話。リニアモーターカーというと車輪のない磁気浮上式の高速鉄道を思い浮かべる方が多いかと思うが、その定義は直線運動をするリニアモーターによって走行する車両の名称であり、車輪がついていてもリニアモーターカーなのである。

日本には鉄輪式リニアモーターカーが幾つか導入されている。1990年に日本初の常設実用線として開業した大阪市営地下鉄長堀鶴見緑地線を皮切りに、1991年開業の都営地下鉄大江戸線など数線が営業しており、2015年12月には仙台市地下鉄東西線の開通も予定されている。

第2章 鉄道路線の雑学

鉄道路線の雑学 01

そもそも「鉄道」とは何か？

◆必ずしも「鉄」の道を走っていなくてもよい!!

誰でも知っている「鉄道」だが、そもそもの定義とはどういったものなのだろうか？　鉄道事業法施行規則第四条の定義によれば、次のように定められ、分類されている。

一、普通鉄道……一般的な鉄道や新幹線など／二、懸垂式鉄道……懸垂式モノレール、スカイレール／三、跨座式鉄道……跨座式モノレール／四、案内軌条鉄道……新交通システム（AGT）、ガイドウェイバス（GBS）／五、無軌条電車……トロリーバス／六、鋼索鉄道……ケーブルカー／七、浮上式鉄道……磁気浮上式鉄道、リニアモーターカー／八、前各号に掲げる鉄道以外の鉄道（愛・地球博線が2005年に加わっている）

つまり、車輪のある車両が走る交通機関であり、鉄製レール、またはそれに代わる案内路に誘導されて走行すれば、概ね鉄道ということになる。案内路は「鉄」である必要や、「2本」である必要はない。ただし、ロープウェイなどロープ（索条）に釣られた交通機関は鉄道事業法下で運営されているが、索道という扱いで、鉄道であるかは曖昧な存在である。

鉄道路線の雑学

02

電車や路線ってどうやったら作れるの？

◆法律上、個人でも鉄道事業を行うことができる!!

毎日のように目にする電車と線路。当たり前のように存在するけれど、いったいどのようにしたら作る（開業する）ことができるのだろうか？　まず日本では、国土交通省に申請して鉄道事業者になる必要がある。鉄道事業者になるための制限はなく、株式会社でなくとも各種法人や、また個人でも事業は可能である。

線路を通すためには、土地の買い上げはもちろんのこと、地盤や水脈などの様々な現地調査が行われる。自治体や住民との協議も重ねられる。そして、線路や橋などの鉄道の構成パーツの設計が行われて、工費が見積もられる。予算の折り合いがつけば、施工業者に発注して線路作りがはじまる。一方、電車車両は、車両メーカーに発注される。個人で製作することもできなくはないが、国の安全基準に合格し、型式認定を受ける必要があるので、実質的には不可能である。個々の各部品は部品メーカーが制作しており、それを購入して車両メーカーが制作する。製作期間は設計終了後、機関車・約8か月、電車・約6か月、客貨車・約3か月である。

鉄道路線の雑学 03

「系」「形」「型」の違いって何？

鉄道会社各社の習慣で決まり、厳密な区別はない

電車の車両の名称は、1000系や1000形といったように「系」「形」「型」が混在して使用されているが、この違いってどこにあるのだろうか？　JRでは個体の車両は「形(かた・がた)」だが同系列全体を表す場合は「系(けい)」、しかし京急電鉄・小田急電鉄・京成電鉄・西日本鉄道などは電車でも「形(けい・がた)」。(けい)の発音がかぶっている点もあり、なんとも紛《まぎ》らわしい……。

実は、鉄道が日本に導入された当初は、全ての車両が「形」であった。「系」が現れたのは1950年代半ば。ちょうど、種類の違う車両が連結されていた時代から、同系列の車両の集合体で運用されるようになった時代への切り替わり時期である。多くの鉄道会社が「系」を使用するようになったが、慣例としての移行であるので、各社の習慣により違いが生まれてしまったのだ。なお「型」については京阪電鉄の路面電車などに見られるものの、めったにお目にかかれない貴重な名称なので、もし見つけたらかなりの幸運と言えるかもしれない。

鉄道路線の雑学 04

「普通」と「各停」ってどう違うの？

◆鉄道会社によって異なる。しかし各駅停車が停まらない駅も!?

「普通」と「各停」はどのような違いがあるのだろうか？　結論から言えば、「普通」と「各停」は同じものである。鉄道会社がどちらの語を採用したかの違いである。よって、表記は「普通」だが「各停」とホームアナウンスしている場合もある。

同じ区間内で「普通」と「各停」を使い分けている線もある。南海電気鉄道では、難波～岸里玉出《きしのさとたまで》間が高野線と南海本線の複々線となっているが、高野線の列車を「各停」、南海本線の列車を「普通」と使い分けている。高野線の列車は今宮戎《いまみやえびす》・萩ノ茶屋《はぎのちゃや》に停車するが、南海本線の列車は通過する。その混乱を回避するためである。

逆に複々線区間であっても、2路線の列車が両方「各停」を使っている線もある。東急大井町線の二子玉川～溝の口間は田園都市線との複々線だが、どちらも「各停」を使うため、大井町線が「各駅停車」と言った直後に「高津・二子新地には停まりません」という矛盾をはらむアナウンスが流れている。

鉄道路線の雑学

05

「鉄道」と「軌道」の違いって何？

◆道路外に敷設される「鉄道」と、道路に敷設される「軌道」

日本の電車は、同じように線路の上を走っていても、「鉄道」と「軌道《きどう》」の2種類がある。電車は「鉄道」であるが、路面電車・モノレールなどは「軌道」である。この違いは、どこにあるのだろうか？　本来の定義は、道路以外の場所に専用の通路にガイドレールが敷設され専用の車両が走行するものが「鉄道」、道路に敷設されたレールを使用して専用の車両が走行するものが「軌道」である。日本において、「鉄道」は鉄道事業法、「軌道」は軌道法により管理されている。

例えば、モノレールや地下鉄は基本的に道路に沿って建設されることが多いため、軌道法の適用を受けるものが大半である。しかし、軌道法や鉄道法に例外が設けられているため、その境界は曖昧になっているのが現状だ。例えば、道路と関係なく走っている東京モノレールは「鉄道」、一部路面電車の部分もある江ノ島電鉄も「鉄道」だが、独自ルートでレールが敷かれている大阪市営地下鉄は「軌道」扱いとなっている。

鉄道路線の雑学

06

車両に書かれる「クモ」「モハ」はどんな意味？

◆カタカナやアルファベットなどで車両情報を表している

列車の車体には「クモ」「モハ」などのカタカナやアルファベット、数字の記号などが書かれているが、これらは何を意味するのだろうか。これらは車両情報を表す。例えばＪＲの場合を例に挙げると、「クモ」の「ク」は昭和34年版『鉄道用語小辞典』の記述から電動車に「くっつく」から取られたという説が有力になっている。「モ」はモーター付きであることを意味する。さらに、同文献によると「サ」は「差し込まれるの意」と記述されているらしい。次に「モハ」の「モ」はすでに述べた通りだが、「ハ」は客室を普通車かグリーン車か見分けるもの。グリーン車は「ロ」、普通車は「ハ」となる。かつては一等車から順に「イ」「ロ」「ハ」としたため、その名残が残っているのである（「イ」に相当する車両は、現在はななつ星ｉｎ九州の客車で復活している）。また、寝台車は「寝る」の「ネ」と表示される。アルファベットはＥ＝ＥＡＳＴ（ＪＲ東日本製造）のように製造会社を表す。数字は、位によって意味がことなり百の位は電気の方式、十の位は近距離・急行・特急などの識別、一の位は設計順序を示している。

鉄道路線の雑学 07

古くなったレールの使い道は？

◆かつてはリサイクルの優等生だった！　現在は金属として高額売却も

何トンもの車両が日々走るため、摩耗していくレール。古くなったレールは一体どうなってしまうのだろうか？　古いレールの行き先は、時代によって変わっている。

昭和30年代以前は、イギリス、ドイツ、アメリカなどの外国から輸入される貴重品だった上、丈夫な鋼材で加工も容易だったため、鉄道施設内でリサイクルされていた。プラットホームの屋根の支柱、落石防止のための柵、跨線橋《こせんきょう》の鉄骨部分などに使用されているので、いまでもよく探せば見つけることができる。

昭和30年代以降となると、強度の高い新しい鋼材ができたり、加工技術も進んだためレールの再利用はあまりされなくなっていった。しかし、昨今、金属価格が高騰したため、古いレールの価値が上がっている。そのため、2004年に福岡県のJR上山田線のトンネル内のレールが1712m分も盗まれたという事件が起きた。あまりに大胆な盗難事件であり、関係者も仰天したことだろう。

鉄道路線の雑学 08

線路に砂利を敷く理由は？

◆枕木を支え、衝撃を吸収するバラスト

線路に砂利が敷かれているのをよく見かける。これは「バラスト」と呼ばれるものであり、砂利の敷かれた鉄道は「バラスト軌道」という。ちなみに、枕木も砂利もない代わりにコンクリートが敷かれているものは「スラブ軌道」という。

このバラスト、どのような利点があるのだろうか。まず、砂利と砂利の間にできる隙間により、電車が走行する際の衝撃を吸収して、線路周辺の家などに伝わる振動を抑えたり、電車自体の揺れを小さくしたりする効果がある。また、砂利の凹凸は音を吸収する効果があるため、騒音対策ともなっている。温度によりレールが伸縮した際に枕木が動かないようにする働きや、隙間から雨水が排水されやすいので、雑草の繁殖を抑える作用もある。設置費用は安価のため、線路にはバラスト軌道を用いるのが一般的である。欠点としては、電車の衝撃で砂利がレールの下からはみだしてしまう上、枕木もすぐに歪《ゆが》んでしまうため、常に点検と整備、傷みの状況によっては交換が必要となり、人件費や時間が膨大となる点である。

鉄道路線の雑学
09

1年に2回しか営業しない駅がある⁉

◆津嶋神社の夏の大祭開催日のみ営業する「津島ノ宮駅」

1年のうち、たった2日間しか営業しない駅がある。それは、香川県三豊市にあるＪＲ四国予讃線の駅、「津島ノ宮駅」である。臨時駅のため駅番号は付されていない。この駅が営業するのは、津嶋神社の夏期大祭が開かれる8月4日・5日のみ。そのため、大型時刻表に掲載されるのも夏の臨時列車掲載号である6〜8月号のみである。津嶋神社は津島という島にあり、橋を渡らなければ参拝できない。その橋を渡れるのも夏期大祭のときだけだ。つまり、参拝できるのもこの2日のみというレアな神社なのである。この島と津島ノ宮駅には、この2日間で10万人近い人が訪れる。

近年、この年2日間営業にイレギュラーが生じた。１９１５年（大正4年）5月7日に開業された津島ノ宮駅は、２０１５年に１００周年を迎えたのだが、これを祝うため、２０１３年12月22日に記念コンサート開催、２０１５年5月10日に記念イベントが開催されたためだ。臨時営業により、２０１３年、２０１５年に限り、1年間に3日間営業されたのである。

鉄道路線の雑学

10

乱れたダイヤをたちまち復旧させてしまうノウハウとは？

◆非常事態に備えて作られたダイヤの応急処置「運転整理」

世界有数の鉄道網を有する、日本。特に都市部は過密と言われるほどにダイヤが混み合っている。日常的には、ほとんど狂うことなくダイヤどおりに運行されているが、一度、ダイヤが乱れるとその影響は膨大である。そのような非常事態に備えて、鉄道各社には「運転整理」というシステムとノウハウが存在する。

まず、災害や事故によって停止したり遅れたりした列車は、最寄り駅に到着したら運転休止となる。その後、乗客を駅にとどめないようにするために、列車の順序を一時的に変える。非常に過密運行されている都市部のダイヤであっても、非常時の乱れを吸収できるように「余裕時分」というものが組み込まれているのだ。さらに、少々の故障であれば、運転士自らが応急処置的な修理ができるよう、技術の習得が義務づけられているのだ。また鉄道車両の設計も、復旧作業自体も短縮できるよう工夫されている。

これら複合的なシステムによって、日本の鉄道の正確なダイヤが実現されているのだ。

鉄道路線の雑学 11

「ごめん」駅の次にある「ありがとう」駅

◆愛称「ありがとう」駅の本当の名前は「御免町」駅

「ごめん」駅の次の駅が「ありがとう」駅という、冗談のような駅名がある。土佐くろしお鉄道「ごめん・なはり線」（正式名称は「阿佐線」）には「後免駅」がある。そして隣の駅は「後免町」駅であるが、このふたつ駅名が似ており間違いやすいとして、2004年、アンパンマンの作者・故やなせたかし氏が「後免町」駅に「ありがとう」駅という愛称を付けたのだ。「後免町」駅には、やなせ氏による『「ごめん」と「ありがとう」を素直にいえる優しい町になろう』という願いが込められたメッセージボードが飾られている。

2002年に開通された土佐くろしお鉄道「ごめん・なはり線」は、高知県東部の南国市と安芸《あき》郡《ぐん》奈半利《なはり》町《ちょう》を結ぶ42・7kmのローカル新線。沿線の各駅には、高知県出身の漫画家やなせたかし氏による駅のイメージキャラクターがもうけられている。このキャラクターはモニュメントとして設置されているほか、特別車両に描かれている。なお、特別車両には海側に魚の絵が、山側に野菜の絵が描かれたものもある。

鉄道路線の雑学 12

受験生にご利益のある駅がある!?

◆入場券を買うと「入学」「学門」「大学行」と印字されるご利益駅

まずは、JR四国徳島線の「学」駅。この駅の入場券を購入すると、入場の「入」と駅名の「学」の文字が印字され、合わせて「入学」となる。そのため、合格のお守りになると入場券を買い求める受験生が続出した。最近では、インターネットや郵送でも購入できる。5枚セットでお守り袋もついた「御入学切符」の販売や、駅窓口で購入すると100個限定で「滑り止めの砂」がもらえるなど、鉄道サイドの工夫を凝らした売り出し方もあり、受験生のご利益駅として非常に繁盛している。お次は、和歌山県の紀州鉄道線の「学門」駅。近くの日之御碕神社《ひのみさきじんじゃ》のお守りと入場券がセットになったお守りが販売されている。

長崎県立大学近くにある松浦鉄道西九州線の「大学」駅の入場券と「大学」行と印字された切符も、大学受験生の合格祈願切符として人気を集めている。最後に南海電鉄の学文路《かむろ》駅でも、入学試験シーズンに「ご入学」に通じる5枚入り入場券を販売し、受験生の人気が高い。

地方のローカル駅による町おこし、村おこしの一環となっているのだ。

鉄道路線の雑学 13

日本一長い駅名は？

◆日本一長い名前の駅を巡る苛烈なトップ争い!!

日本一長い駅名の駅は、熊本県にある南阿蘇鉄道高森線の「南阿蘇水の生まれる里白水高原駅」（漢字表記＝14字、ひらがな表記＝22字）とされている。しかし、この評価にはいくつか異論があって、すんなり1位というわけにはいかないようだ。解説していくと、まずひらがな表記では、同じく22字の「長者ヶ浜潮騒はまなす公園前駅」がある。しかし漢字表記では13字なので、「南阿蘇水の生まれる里白水高原駅」が一枚上手という感じがする。一方、漢字表記では舞浜リゾートラインの「東京ディズニーランド・ステーション駅」と「リゾートゲートウェイ・ステーション駅」がともに17字であり、日本一となる。また、２００１年には、「ルイス・C・ティファニー庭園美術館前駅」（漢字表記＝18字、ひらがな表記＝23字）が登場し、一度漢字ひらがな共に日本一の座についた。しかし２００７年の美術館の閉館とともに短い駅名に改名してしまったので、一位の座は失っている。日本一長い名前の駅の過酷な首位争いは、まだまだ続きそうだ。

鉄道路線の雑学 14

人名が付いている駅

◆「宮本武蔵駅」「吉備真備駅」「武豊駅」……

世の中には様々な名前の駅があるが、中には人名の駅名も存在する。

「宮本武蔵駅」は、岡山県にある智頭急行智頭《ちづ》線の駅である。宮本武蔵の生誕地伝承の地が付近にあることから命名された。計画当時は駅設置の予定はなかったが、地元の強い要望により作られ、命名された駅である。

同じく岡山には、井原鉄道井原線の「吉備真備《きびのまきび》駅」もある。遣唐使として有名な奈良時代の政治家・吉備真備の故郷であることから命名された。ちなみに人名と駅名は「まきび」だが、駅のある真備町の読みは「まび」である。

愛知県のＪＲ東海の武豊線には「武豊駅」という名の駅がある。しかしこれは、在来の氏神の名から取られた町名に由来するものであり、読みは「たけとよ」。騎手の武豊とは全く関係がないのだが……。

その他「井川さくら駅」「中山香《なかやまが》駅」など、人名っぽい駅も多数存在する。

鉄道路線の雑学 15

線路と道路を走る夢の旅客列車

◆バスであり電車である両生類系車両

線路と道路という空間的なものだけでなく、法律その他を含めて、鉄道と車の棲み分けは明確であるが、その両方を走行可能な乗り物が開発されているのをご存知だろうか。

古くは1960年代の国鉄で、赤字ローカル線活性化の切り札として開発されたアンヒビアン・バスがある。これは線路走行時はバスに台車を付けるという方式が取られたが、軌道に乗せる手間、また変速機やブレーキなどの線路上を走るモードへの切り替えが煩雑過ぎて実用にはいたらず、鉄道博覧会に出展されたのみとなった。

2000年代となり、JR北海道により、デュアル・モード・ビークルと呼ばれる軌道・道路双方走行車両の開発が進められた。これは除雪車としての他、バスと電車の両用車として使われる予定であり、ゴムのタイヤと金属のタイヤを併せ持ち、道路走行と軌道走行の切り替えも約10秒と短時間でのモード変更が可能となっていた。しかし、開発コストが行き詰まり、国土交通省は検討を続けているものの、JR北海道は開発を断念してしまった。

鉄道路線の雑学 16

新幹線が流線型のワケは？

◆高速走行でのトンネル突入時の騒音対策

新幹線が普通の列車とかなり形の違う流線型の形をしているのは、高速でトンネルに突入する際の気圧変化による騒音を抑えるためである。時代を追って走行速度が速くなるために、それに伴い車両先端部がどんどんと長く伸ばされて現在の形に至っているのである。今後も最高速度が上がるに伴い、先端の伸長は続くと思われる。

流線型車両はもともと１９３０年代にヨーロッパで開発され、その流行を受けて日本の蒸気機関車も一部改造された。第二次世界大戦後に、ヨーロッパで再度流行したのを受けて、小田急電鉄の３０００形電車が流線型を採用。そして狭軌における世界最速を記録して話題を呼んだ。この成功を受けて、初代新幹線である０系に流線型が取り入れられたのだ。

現在、特に鋭角な先頭車両を持つのは新幹線５００系電車で、とりわけ区間にトンネルが多い山陽新幹線用に開発されたものだが、その先頭車両の形状は抵抗を最小限にして水に飛び込むカワセミの姿を参考に作られたものだという。

鉄道路線の雑学 17

ユレダスって知ってる？

◆新幹線にも取り入れられている地震時の安全管理システム

ユレダスとは国鉄鉄道技術研究所（後の財団法人鉄道総合技術研究所）が開発した地震警報システムである。1984年の東海道新幹線への設置を皮切りに、全ての新幹線へ設置されるようになった。地震が起きると自動的に運行中の新幹線を減速させて、脱線などの被害を最小限に抑えるための装置で、地震波の初期微動（P波）の識別、マグニチュード、震源距離、到来する方向などを瞬時に計測することができる。駄洒落のような名前だが、Urgent Earthquake Detection and Alarm System（地震動早期検知警報システム）の頭文字を取ったものである。時代を追うごとに開発が進み、阪神・淡路大震災を契機に開発されたコンパクトユレダスでは、それまでP波検知から警報まで約3秒だった時間が約1秒に短縮されている。

2004年に起きた新潟県中越地震による、日本の新幹線の営業運転中の初めての脱線事故である上越新幹線脱線事故では、ユレダスによる非常ブレーキが作動し、脱線しながらも死傷者をひとりも出すことがなかった。

鉄道路線の雑学 18

特定の日しか停車しない駅とは

◆通常運行では、貨物駅の機能のみ

特定の日にしか旅客運行をしない駅がある。茨城県にあるＪＲ東日本と鹿島臨海鉄道の駅である「鹿島サッカースタジアム駅」である。茨城県立カシマサッカースタジアムに隣接する駅であり、Ｊリーグ鹿島アントラーズのホームゲームや、各種イベントが開催される場合にだけ、旅客列車が止まるのである。

元は貨物のみを取り扱う北鹿島駅という名の駅であったが、Ｊリーグ人気に伴い１９９４年に現在の名称に改名された。２００２年にカシマサッカースタジアムでワールドカップが開催された際には、初めて東京駅との間の直通運転が予定されたが、前年に起きた明石花火大会歩道橋事故の影響を受けて、実現には至らなかった。

駅としてはＪＲ東日本の管轄だが、改札業務や乗車券販売などは鹿島臨海鉄道の社員が行うという。また、運転士が用いる業務用時刻表内の表示は「鹿島スタ」である。東京近郊区間に編入されたが、Ｓｕｉｃａのエリア外である。

鉄道路線の雑学 19

地下鉄で最も地中深くにある駅は？

◆地下42ｍにある都営地下鉄大江戸線六本木駅1番ホーム

地中深くを走る地下鉄だが、その駅の中で最も深くにあるのは、どの駅なのだろうか？

答えは1番ホームが地下42・3ｍにある、都営地下鉄大江戸線の「六本木駅」（併称「六本木ヒルズ・東京ミッドタウン前」）である。2番線も32・8ｍとなかなかの深さである。

ちなみに東京地下鉄全駅の中でのランキングは、2位は千代田線国会議事堂前駅の37・9ｍ。3位は南北線後楽園駅の37・5ｍとなる。しかし10位以内に、大江戸線の駅が5駅もランクインしており、大江戸線全体の深さに驚かされる。

六本木駅はなぜ1番線と2番線の間に、約10ｍもの深さの開きがある上下段の構造になったのだろうか？　それは計画時期からさまざまな理由で頓挫していたために、施工時期には六本木が急成長を遂げており、麻布方面の地下繁華街を避ける必要が生じたためである。

フロアは地下7階まであり、ホームを間違えてしまうと、地下3階か6階を経由しないと移動することができない、地下の迷宮と化している。

鉄道路線の雑学 20

改札から出られない駅

◆東芝の敷地内にある無人駅、海芝浦駅

駅に降り立ったはいいが、改札から出られない駅がある。神奈川県のJR東日本鶴見線の海《うみ》芝浦《しばうら》駅である。東芝京浜事業所の敷地内にあり、駅の改札がイコール東芝の建物の入り口であるため、東芝の社員証か入門許可証を持っているか、特別に許可を得た者しか改札を通過することができないのだ。

しかしホームが海に面しているというロマンティックな景観や美しい夜景が人気を呼び、観光目的に一般客が下車するようになった。それを受けて東芝はホームと駅舎の間に出入り口を設けた私設公園、海芝公園を作った。メディアでも取り上げられて、カップルや家族連れの人気スポットとなった。

注意点は、一般客にとってこの駅から出る手段が鶴見線のみであるため、最終電車に絶対に乗り遅れないようにしなくてはならない点である。また、公園は通常9時開園だが、元旦は日の出を見られるように始発電車の到着時に開園している。閉園は20時30分とのこと。

鉄道路線の雑学 21

秘境駅ができるワケ

◆秘境駅と化していく理由はさまざま……

近年、鉄道ファンのみならず、一般的な人気も高まっている秘境駅だが、そもそも交通に利用されるために作られたはずの駅が、なぜ秘境駅になってしまうのだろうか？

まずは、駅が作られた当初は利用客があったが、その後利用客がほとんどいなくなってしまったパターンがある。徳島県にあるＪＲ四国・土讃線の坪尻《つぼじり》駅などはこの例で、もともとは駅から山道を30分ほど歩いた場所にある集落の住民の利用で賑わっていたが、集落付近に道路が通ったため、利用客がほとんどいなくなった。

逆に、信号場や仮乗降場から昇格して駅になったが、結局利用客がほとんどいなかったという場合もある。ＪＲ北海道・室蘭本線の小幌《こぼろ》駅などは、もともとは、列車交換のための信号場であったものが１９８７年に駅となった。長いトンネルに挟まれた鉄道と船以外での接近が難しい場所であり、秘境駅と化している。

コスト面から廃駅になる駅が多いが、村おこしの一環として保護する運動もみられる。

鉄道路線の雑学
22

全国鉄道撮影スポット

◆地図で、本で、ネットで、そして足で!!

鉄道好きとしては、やはりさまざまな鉄道に乗ったり、見たりするだけでなく、格好よい写真を撮りたいものである。本やネットなどに載っている素敵な鉄道写真が撮れるスポットは、いったいどうやって探せばよいのだろう?

撮りたい列車をみつけたら、まずは地図をみて線路を辿《たど》りあたりをつける。その際に見落としがちなのが、架線の支柱が車両の手前に映り込んでいる「串刺し」と呼ばれる状態。鉄道写真としては悪い例とされるので、立ち位置を変えるなどの対策をとろう。そして、迫力のある写真を撮るには、ほどよいカーブがあることも大切。周りに被写体を遮る障害物がないかなども、出来るかぎりあらかじめチェックしておきたい。本やネットなどで気に入った写真があったら、書き込まれている情報をたよりに実際に行ってみるのもひとつの手だ。プロやマニアが開拓したスポットは、場所選びの勉強にもなるだろう。

私有地に踏み込んでしまったり、景観を汚してしまわないようにマナーを心がけよう。

鉄道路線の雑学
23

鉄道旅行を助けてくれるおトクきっぷ

◆不安があったら気軽に窓口に相談しよう

鉄道をどんな風に楽しむかは、人によって様々だ。車両を絶好のタイミングや角度で撮影することを目標とする人もいれば、全旅客駅に降り立つことを目的として日々改札をくぐる人もいる。そこで、おトクきっぷについて紹介していこう。

ＪＲだと、最も有名な「青春18きっぷ」がある。5回分1万1５００円で販売されており、1回分が1日の乗り放題。全国のＪＲの普通もしくは快速列車に乗車できる。何度でも乗り降りできるので、全駅踏破を目指す人にはもちろん、遠出をして珍しい車両を撮影して、日帰りするという方法にも利用できる。

また、ＪＲ・私鉄各社で現地旅館の宿泊付きプランのきっぷや、バスなどの他の交通機関も乗り放題となる各種のサービスきっぷが発売されている。自分の目的がはっきりしている場合はもちろん、何となくの目的地しか決まっていなくとも、気軽に窓口に相談して、おトクなきっぷを求めるのが賢い鉄道の利用法だろう。

第3章 鉄道路線の歴史

鉄道路線の歴史
01

日本に鉄道がやって来た日

世界で鉄道が実用化されたのは、1825年のイギリスの蒸気機関車とされている。そして、江戸末期の日本も開国を待たずして鉄道を知ることになった。

1846年に、幕府に対してオランダ商館長より提出させていた『別段風説書』（海外事情に関する情報書類の一種）に、鉄道について記されており、幕府はその存在を知った。

◆日本人が初めて触れた鉄道模型

実際に日本に鉄道がやって来たのは、1853年。場所は、長崎に入港して開国交渉を行っていたロシアのエフィム・プチャーチンが率いる軍艦の上であった。約半年に及ぶ滞在期間中に、プチャーチンが船上に招いた幾人かの日本人に、蒸気機関車の模型の運転を公開したのである。幕府の旗本・川路聖謨《かわじとしあきら》、鍋島藩藩士の本島藤夫《もとじまふじお》や飯島奇輔《いいじまきたすく》などがこの模型を目にしている。鍋島藩藩士は帰藩後、藩主にこれを報告している。世界でもまだゼンマイや小型モーターなどは開発されておらず、この模型もアルコールを燃料とするライブスチーム模型であった。

翌1854年、浦和に再来航したペリーによって蒸気機関車の模型が将軍に献上された。模型といっても、構造は本物と変わりはなく、機関士が乗って運転し、また大きさも実物の4分の1ほどあり、子供ならばなんとか乗れるものであった。屋根に跨《また》がって乗車させてほしいと交渉した幕臣の河田八之助《かわだはちのすけ》が、初めて蒸気機関車に乗った日本人ということになる。また、江戸幕府の代官である江川太郎左衛門がこの模型の運転を試みて成功した。

長崎のロシア軍艦での展示から2年後の1855年、佐賀藩に仕えていた(東芝の創業者である)田中久重《ひさしげ》が、日本初の国産蒸気機関車の模型を完成させた。この全長40㎝の模型は現在も現存している。1858年と1865年には、長崎で外国人の手で本物の蒸気機関車の試運転も行われている。1865年、グラバー商会が大浦海岸に軌道を敷設して走らせたイギリス製の「アイアン・デューク号」は日本人を驚愕《きょうがく》させた。

こうした出会いを通して、幕末にも鉄道建設は計画されることとなり、幕府でも1867年にアメリカ公使館書記官ポートマンに鉄道建設を許可している。また諸藩でも鉄道に対する関心が高まっていった。加賀藩では模型開発を計画、長州藩は藩主の前で模型披露が行われ、福岡藩は、模型の試運転を成功させた。また、佐賀藩では、莫大な資本を投下して、鉄道敷設を視野に入れながら鉄道模型の制作を行い成功させた。

鉄道路線の歴史 02

1872年10月14日、我が国初の鉄道開通

明治維新後、すぐに明治政府は大隈重信・伊藤博文らが中心となり、鉄道の建設計画を開始した。当初の路線計画は、東京と京都・大阪・神戸間、さらに日本海側では米原《まいばら》から分岐して敦賀へいたるルートであった。しかし、内政が不安定な現状と民間資本の必要から、まずはモデルケースの敷設が必須となった。そこで１８６９年に、東京〜横浜間の29㎞の敷設計画が決定した。

ちなみに、幕末に幕府がアメリカ公使館書記官ポートマンに対して建設許可を与えていたが、これは植民地化の布石になるとして、新政府は拒絶している。

しかし、鉄道建設にかかる見積もり費用は当時の国家歳入の20％に達する莫大なものであった。政府はロンドンで外債を募集して、それを借款として建設費用に当てた。また技術面においてもイギリスに援助を求め、鉄道技術者・エドモンド・モレルを建築師長として、イギリスからの技術者が多く来日した。日本からは元長州藩士の井上勝《まさる》が参加して、モレルの下で鉄道敷設技術を学んだ。井上は後に日本の鉄道の父と呼ばれるようになる。

その後も、政府内からも反対意見が多く、鉄道用地の接収が滞《とどこお》った。大隈重信の案で、薩摩藩邸や海軍基地予定地などがあった芝〜品川付近の約10㎞間では、海上に築いた築堤の上に線路を敷設した。海上ルートは、当時世界でも珍しい先駆的なものであった。

そして、伊藤博文などが乗車して試運転が重ねられ、1872年6月12日、品川〜横浜（現在の桜木町駅）間で仮開業した。同日には2往復、翌日には6往復、運行した。

◆庶民には高嶺の花の鉄道乗車

そして同年の10月14日、新橋〜横浜間が正式開業した。日本初の鉄道の開通である。この日は、明治天皇や明治の高官を乗せたお召し列車が横浜まで往復、新橋駅では盛大な開業の式典が行われた。正式営業は、翌日10月15日から始められた。10月14日は、大正時代に「鉄道記念日」に指定され、1994年には「鉄道の日」と改称された。

開業当時は新橋〜横浜間を、1日9往復、53分、時速は32・8㎞で運行。軌道は欧米に比べて狭い狭軌であり、単線である。停車駅は、新橋〜品川〜川崎〜鶴見〜神奈川〜横浜である。料金は、上等が1円12銭5厘、中等が75銭、下等が37銭5厘。米一升の値段が約7銭の時代にあっては、下等であっても庶民に手が届く乗車代ではなかった。鉄道員には士族が多く採用され、機関士は外国人であった。

初の私鉄＝日本鉄道が創立される

鉄道開通後、営業利益が上がりはじめると、鉄道の敷設は全国に広まっていく。1874年には大阪～神戸間が開通。1877年には、京都駅まで延伸された。川底が周辺の平面地よりも高い天井川である石屋川などを通過させる際に、鉄道を川の下に通す必要が生じ、日本初の鉄道トンネルである石屋川トンネルが作られた。

1880年に北海道でも、道内初の鉄道である官営幌内鉄道（札幌～手宮間）が開通。これは主に開拓に伴う石炭と屯田兵の輸送を目的としたものであった。また開拓を指揮していた黒田清隆が視察したアメリカの鉄道を手本としたため、本土のイギリス式と異なり、アメリカ人技師の指導の下に作られた鉄道となった。

官の鉄道建設とは別に、私鉄の運行も開始された。1882年に開通した馬の牽引《けんいん》による路面鉄道である東京馬車鉄道（新橋～浅草間）である。これが、日本初の私鉄となるという説もあるが、馬車鉄道であるので、後に開通した日本鉄道や大阪堺間鉄道を日本初の私鉄とする説も強い。その後、この東京馬車鉄道の人気を受けて、日本各地で馬車鉄道が開通する。しかし、餌や糞尿などの問題も多く、１８９５年頃からは電車を用いた路面電車へと切り替えられていった。

◆西南戦争による官営鉄道の危機

１８７７年の内戦、西南戦争により、政府は逼迫《ひっぱく》した財政難に直面する。これにより多くの殖産興業が民営化されることになった。その中で鉄道も民営化され、１８８１年に、日本初の民間鉄道会社である日本鉄道が設立された。社長には元薩摩藩士の吉井友実《よしいともざね》が就任する。民間会社といっても、実質的には政府の保護を受ける半官半民の形態であった。

日本鉄道設立の経緯は、実業家・高島嘉右衛門《たかしまかえもん》が、華族と士族の出資による東京〜青森〜北海道間の民間会社の構想を政府に献上したことからはじまる。これは北海道開拓を支える公益のためのものであった。この構想が岩倉具視《いわくらともみ》などを動かして、形を変えて、日本鉄道設立に至ったのである。

鉄道の民営化には強い反対もあった。その中心人物であったのが日本鉄道の父と呼ばれる井上勝である。井上は、資本家の杜撰《ずさん》な鉄道事業への参入と、各社競合による無計画な敷設が、国家的な鉄道事業の妨げになるとして、鉄道の民営化に否定的であった。この懸念が批判へと変わり、後の鉄道国有化の流れへとつながっていく。

鉄道路線の歴史
04

私鉄の黄金期による鉄道網の整備

日本鉄道の設立に続いて半官半民の鉄道会社が全国に誕生した。主流な日本鉄道、北海道炭礦鉄道、関西鉄道、山陽鉄道、九州鉄道の5社が明治の五大私鉄と呼ばれた。

日本鉄道は、1885年に前橋～赤羽～品川ルートを開通させて、これはのちに高崎線・赤羽線・山手線となった。また1891年には上野～青森間を開通させて、それまで馬車で12日ほどかかっていたのを26時間25分まで縮めた。

北海道炭礦鉄道は、空知《そらち》線、夕張線を開線し、室蘭～青森間の定期航路の開設と連動して、輸送量を飛躍的に増大させていった。

関西鉄道は官営の東海道本線と競合してしまうために政府の補助が得られず、速度や運賃割引サービスなど様々な集客アイデアで旅客を増やした。

山陽鉄道は、急行列車・入場券・列車ボーイ・食堂車・寝台車などのサービスを全て官営鉄道より先に導入して、積極的な経営を展開した。また私鉄としては唯一、機関車自社工場を持ち、23両の機関車を製造した。

九州鉄道は、筑豊炭田の石炭輸送が盛んとなり、旅客収入を上回るようになっていった。

◆現在も名を変えて残る純民間資本鉄道

五大私鉄以外にも全国に多くの私鉄会社が設立された。これは西南戦争以後のインフレが治《おさ》まりデフレに転じたことから、民間企業の投資熱が高くなったことにも端を発している。私鉄建設の動きは1890年の恐慌で一旦沈静化するが、経済状態が落ち着くと再び中小規模の私鉄会社の設立が相次ぎ、それは1906年の、私鉄を国有化することを定めた鉄道国有法まで続くこととなった。

この私鉄設立ブームのさなかに設立された純民間資本の鉄道会社の中で残っている最古のものが阪堺《はんかい》鉄道である。1884年に関西経済界の藤田伝三郎・松本重太郎らが発起人となり設立された鉄道会社である。日本鉄道、東京馬車鉄道に続く日本3番目の民間鉄道であり、現在は南海電気鉄道の一部となっている。

小規模であったために政府から用地買収以外の援助が得られずに、民間資本での経営となったが、物資の流通が盛んであった大阪～堺間の収益により経営は好調であった。その後、競合する紀阪《きはん》鉄道と合体して南海鉄道と改称した。1898年には和歌山へ延伸され、日本で2番目に早い電化を遂げた。

鉄道路線の歴史
05

日露戦争により鉄道の国有化が進む

１８９１年に尾道まで開通した山陽鉄道だが、恐慌のあおりを受けて経営不振に陥り、広島の手前の三原で敷設が止まってしまっていた。しかし、清国との緊張が高まり、開戦が見込まれるようになると、軍の後押しによって一気に広島までの敷設が進められた。これは軍が、広島に大本営を置き、大陸へ兵力を送り出す拠点とすることを決定したためであった。これにより青森から広島にいたる列島縦横ルートが完成した。

１８９４年、日清戦争開戦。この維新後初の対外戦争が、戦時における鉄道の重要性をクローズアップさせ、後の鉄道国有化につながる布石となった。

◆対ロシア戦を意識し鉄道国有化問題加熱

日清戦争の勝利後、フランス、ドイツ帝国、ロシア帝国の三国干渉により、日本政府は対ロシア戦を視野に入れるようになり、それに伴い鉄道の国有化への動きが推進された。その理由には、株式会社である私鉄の場合、株主には外国人投資家もおり、軍による鉄道の使用状況も外国に筒抜けになってしまうこと、さらに外国人投資家に株を買い占められて、軍事輸送を止められるなどの懸念も含まれている。

そうした情勢の中、政府の後押しの下《もと》、山陽鉄道は下関まで延伸し、東海道本線はその7割以上を複線化し、東北地方では東北線が開通した。こうして鉄道網は青森から関門海峡を挟んで九州まで至り、全国の主要都市を縦貫した。

日露戦争前後の鉄道年間輸送量は、旅客約1億人、貨物約2000万tに達していた。特に私鉄の発展が目覚《めざ》ましく、その営業距離は官鉄の2倍にまで達していた。

1900年には、鉄道国有化法案が議会で審議される。1904年に、日露戦争が開戦。そして、日露戦争終結後の1906年、財閥の大物や三井、三菱などの財界の有力者による強い反対もあり、議会は騒然として乱闘国会の様相を呈する中で、ついに鉄道国有法案が可決された。これは戦後の満州経営、および満州鉄道につなぐ輸送体制を視野に入れての、軍部の強い要望があっての国有化であった。1908年の鉄道院発足を機に官営鉄道は、鉄道総裁を通して内閣の直轄に組み込まれた。

買収された鉄道は、北海道炭礦鉄道、甲武鉄道、日本鉄道、岩越鉄道、山陽鉄道、西成《にしなり》鉄道、九州鉄道、北海道鉄道、京都鉄道、阪鶴《はんかく》鉄道、北越鉄道、総武鉄道、房総鉄道、七尾《ななお》鉄道、徳島鉄道、関西鉄道、参宮《さんぐう》鉄道の17私鉄であった。

鉄道路線の歴史
06

東京駅の開業と地下鉄の誕生

国営化に伴い、各種の国産化が進められた。レールの国産化は１９０７年に初めて行われたが、車両は客車や貨車は開通当初から国産していた。蒸気機関車においては、１８９３年に外国製の主要部品での初の国内製造車が完成し、その後、外国設計の機関車を１９０３年に完成させていたものの、１９０７年の国有化までに国産された蒸気機関車は、わずか１２０両に過ぎなかった。１９１１年には初の日本人の設計による純国産蒸気機関車・６７００形が製造されるようになり、蒸気機関車の国内生産の本格的な幕開けとなった。１９２２年には鉄道省主催の車両研究会が発足し、そこでのノウハウの蓄積と研究が、１９３６年のＤ51（デコイチ）誕生へとつながっていく。

１８９９年に大師《だいし》電気鉄道（現在の京浜急行電鉄大師線）、１９０４年に甲武鉄道（現在のＪＲ東日本中央本線）が電化したのに引き続き、鉄道の電化は全国で徐々に進んでいく。しかし、国鉄の主要幹線が電化されたのは１９１４年の東京駅開業にあわせて開線した東京〜高島町間が初であった。

東京駅は元々、新橋駅と上野駅を結ぶ高架鉄道の中央停車場として計画された駅であった。1889年に計画された後、日清・日露戦争などにより何度も中断されて、完成したのは24年後であった。皇居の正面の原野に作られた東京駅の駅舎は、3階建てのレンガ造りで、当初計画の7倍ほどの建設費用をかけた豪華なものであった。

◆東洋初の地下鉄の誕生

東京駅を中心とする都内鉄道網開発が進み、山手線が都市中枢の循環線として完成に向かいつつある1920年代、東京都市部の輸送キャパシティは限界に達していた。しかし土地の値段も上がり、新たな鉄道敷設地の確保は難しかった。この状況を打破するために、地下鉄を提案したのが、鉄道院に勤務していた早川徳次であった。ヨーロッパ訪問でイギリスの地下鉄の発達を目にした早川は、東京地下鉄道株式会社を設立して、1927年に浅草〜上野間(現在の東京メトロ銀座線)を開業させた。

開業当日の利用者は10万人を突破。18時間の間、3分間隔で運行された。その後、東京地下鉄道は構内店舗の充実、定期券利用客への新聞夕刊配布サービス、駅ビルデパートとのコラボレーション(駅ビルとのコラボで生まれた駅名が、三越前、日本橋、銀座などである)など、工夫を凝らして発展を遂げ、1934年には新橋まで延伸した。

鉄道路線の歴史
07

太平洋戦争における鉄道

日中戦争から太平洋戦争に至る１９３０年代は、鉄道の黄金時代でもある。国産の蒸気機関車の完成系ともいえるＤ51が量産され、１１１５両が生産された。１９３０年には、特別急行電車（特急）と呼ばれていた「富士」「桜」を超える、超特急「燕《つばめ》」が運行開始。東京〜大阪間を11時間から8時間20分に短縮した。

大手私鉄が発展したのもこの時期である。現在、残っている大手私鉄の主要幹線が開通し、ほぼ電化への移行を遂げている。東武鉄道、西武鉄道、東京急行電鉄、阪急電鉄などの沿線地区開発も進められた。

１９３２年に満州国が建国されて、日本の大陸進出が進む中で、東京〜大阪〜下関〜〈連絡船〉〜釜山《ぷさん》（朝鮮半島）〜ソウル、そしてその先を分岐して新京《しんきょう》（満州）、北京（中国）に至る壮大な長距離輸送列車が計画された。この列車は「弾丸列車」と呼ばれて、最高時速２００㎞を目標とする高速列車である。東京〜ソウル間が24時間、東京〜北京間が48時間で移動可能とする計画であった。莫大な工費をかけて開始された弾丸列車の工事であったが、太平洋戦争が激化する中で頓挫してしまう。

◆戦時体制に組み込まれる鉄道網

1941年に太平洋戦争が勃発すると、鉄道は陸上交通機関の総動員体制に組み込まれる。陸軍統制令下、私鉄であっても政府が運行を統制し、また政府の指針の下に拡張・合併も行われ、軍需物資の運搬手段とされた。

同年、地下鉄は、東京地下鉄道と東京高速鉄道が統合。帝都高速度交通営団（現在の東京地下鉄）となった。ちなみに、戦後長らく営団地下鉄と呼び習わされた営団とは、国家による統制管理のために設置された経営財団の意である。

1944年、東京西部の5路線が統合されて東京急行電鉄（いわゆる大東急）となった。関西では、1943年に阪神急行電鉄と京阪電気鉄道が合併して京阪神急行電鉄となる。また1944年には関西急行鉄道と南海鉄道が合併して近畿日本鉄道となった。

軍需輸送に重要な線は強制的に国有化された。阪和電気鉄道、中国鉄道の一部が国有化されたほか、豊川鉄道他3社の路線が買収によって一本化されて飯田線となる。

サイパン陥落後、軍需交通網壊滅を狙ったアメリカ軍は、線路、さらに職員の住む住宅地への爆撃を開始。多くの鉄道員と、鉄道施設、敷設が攻撃されることとなった。

鉄道路線の歴史
08

ＧＨＱにより生まれた新たな国鉄

１９４５年の終戦直後、全国的な混乱の中で、鉄道事故が相次いだ。復員軍人で満員状態の列車がトンネル内の上り坂を上がりきれずバックした所、降りて歩いていた乗客を轢《ひ》き死者45名を出した、肥薩線列車退行事故。多摩川橋梁で列車が正面衝突して死者１００名以上を出した、八高線列車正面衝突事故。列車が車止めを突破して転覆して死者60名を出した、中央線笹子駅構内脱線転覆事故。これら3事故などは、全て終戦後1か月間の混乱期に起こったものである。

戦後日本を占領したＧＨＱ（連合国軍最高司令官総司令部）により、焼け残っていた車両のうち状態のよいものが接収され、専用の定期列車とされた。進駐軍専用列車はペンキで白い帯を書き、日本人用の車両と区別された。進駐軍司令部による鉄道の管理は、１９５２年のサンフランシスコ対日講和条約発効まで続くこととなった。

終戦直後の国内では、戦地からの復員軍人、引き揚げ者、また地方への買い出し客達にとって、鉄道は陸上輸送の主な手段であった。しかし戦争による破壊やＧＨＱによる接収のために車両が枯渇しており、終戦直後より車両生産業者を招集しての大量車両制作が開始された。

◆GHQによる鉄道再編成

GHQのリードにより戦後復興が行われたが、鉄道もその指導の下に再編成される。財閥解体に伴い、1947年より、戦時中に合併した私鉄各社も分割される。大東急は、東京急行電鉄、小田急電鉄、京浜急行電鉄、京王帝都電鉄の4社に分割され、近畿日本鉄道から南海電気鉄道が、また京阪神急行電鉄から京阪電気鉄道が分離した。

1948年に発せられたマッカーサー書簡の中では、国有鉄道の改編支持も盛り込まれており、これを元に1949年、運輸省直轄下の公共企業体としての「日本国有鉄道」が生まれた。これ以後、国鉄職員は国家公務員法下の公務員ではなく、公共企業体等労働基本法下の公共企業職員という立場となった。

同年、国鉄は、行政機関職員定員法を執行して大幅な職員首切りを敢行する。騒然とする国鉄を取り巻く状況の中、国鉄総裁が礫《れき》死体で発見される下山事件、無人列車の暴走事件である三鷹事件、東北本線での列車転覆事件の松川事件の、いわゆる国鉄三大ミステリー事件が起こった。国鉄再編と関わりが深いと言われるが、真相はいまだ不明である。

鉄道路線の歴史
09

新幹線の開通

戦後、先の見えない不況に見舞われていた日本経済だったが、１９５０年に勃発した朝鮮戦争による特需により、急激な経済復興が始まった。これに伴い鉄道の復興も一気に進んだ。特に、飛躍的に増えた東京〜大阪間の旅客輸送のための便が問題となった。

１９４９年に東京〜大阪間の特急列車「へいわ」が復活し、翌年「つばめ」と改称され、姉妹特急「はと」も登場した。１９５６年には東海道線全線の電化が完成する。それに伴い、「つばめ」「はと」の電気機関車が登場してイメージチェンジしたエメラルドグリーンの外装から「青大将」の相性で親しまれるようになった。

１９５８年、ついに国鉄初の特急型電車「こだま」が東京〜大阪間で運行された。最高時速は「つばめ」「はと」の95㎞を大きく上回る１１０㎞、所要時間も7時間30分から6時間50分に短縮された。この時間の短縮により、会社員が東京〜大阪間を日帰りで往復することが可能になり「ビジネス特急」と呼ばれて人気を博して、９億円の大きな資本投資は、約１年で回収されることとなった。

「こだま」の成功を受けて、機関車であった「つばめ」「はと」も特急電車化した他、東京～宇野間の四国連絡特急「富士」、東京～名古屋間の「おおとり」など、特急電車が大幅に増加されることとなった。

◆東海道新幹線開業

高度経済成長のさなか、更なる東海道線の輸送力が求められるようになった。そこで新規の線路の敷設が検討されることとなる。それはそれまでの狭軌ではなく、世界標準軌による線路を建設して、専用の高速電車を走らせるというものであった。

1959年に国会で承認され、東京オリンピックの開催される1964年までに開通させるという短期の計画であった。戦時中に弾丸列車のために買収していた用地と建設途中のトンネルを利用できたことなどが功を奏して、予定通りの工期で完成にこぎつけた。

弾丸列車敷設当時から、広軌の新しい幹線を作るということで、「新幹線」という呼称が用いられており、「新幹線」の名はこれが起源とされている。

1964年10月1日に開業した東海道新幹線は、営業当初は路盤の安定を考えて時速160㎞としたが、翌年には時速210㎞で運行して、東京～大阪間をひかり＝3時間10分・こだま4時間で走行した。

鉄道路線の歴史
10

国鉄民営化、そしてリニアモーターカーへ

１９６０年代、高度経済成長が続く中、人口の都市部への集中が続いた。それに伴い通勤電車のラッシュは加熱し、乗車率が３００％を超える路線なども出てくるようになり、社会問題となった。これに対し国鉄は特に混雑のひどい東京都心５路線を複線化する通勤五方面作戦を立てて、膨大な敷設費をかけて完成させた。

さらに、主に私鉄、地下鉄が連携して、郊外の通勤電車がそのまま都心の地下鉄に乗り入れる、相互直通乗り入れ方式を開始。１９６０年の京成押上線と都営地下鉄一号線（現・浅草線）を皮切りに、次々と進められた。

◆国鉄累積赤字の膨張

しかし、戦後復興が一段落した時期から国鉄の財政は悪化しはじめ、東海道新幹線が開通した１９６４年に黒字経営から初めて赤字に転落した。これは諸物価の値上がりに伴う人件費、諸費用の増加に対して、運賃値上げひとつにも国会審議を必要とする機動性の悪い体質も原因

とされている。独立採算制とされながら、政府の監視下で公共性を求められるという矛盾の結果であるともいえる。その他、自動車や航空機など他の輸送手段の発達による競争の激化や、頻発するストライキによる営業停滞も、赤字を押し進めた原因とされる。

その後も国鉄の累積赤字は増え続け、1980年代には借入金が約16兆円に上《のぼ》った。その頃から国鉄の分割民営化が検討されるようになり、1985年に最終答申が首相に提出された。そして1987年4月、JRとして6旅客鉄道会社とひとつの貨物鉄道会社などに分割されて、国鉄は明治の官営鉄道からの115年に及ぶ歴史に幕を閉じた。その後JR各社は紆余曲折しながらも、おおむね黒字経営に転じている。

その後さらに、他の交通機関との競争が激化する中、鉄道の技術革新も進んでいく。その象徴とも言えるのは、近未来型の超高速鉄道である磁気浮上式リニアモーターカーである。1979年に宮崎県の実験線では、時速517㎞という世界記録を樹立した。初めて旅客輸送されたのは1989年の横浜博覧会においてである。

現在、日本で営業運転を行っている磁気浮上式リニアモーターカーは、愛知高速交通東部丘陵線のみであるが、2027年を目処《めど》にリニア中央新幹線の東京〜名古屋間が、2045年を目処に東京〜大阪間の開通が計画されている。実現すれば、東京〜大阪間の移動時間は飛躍的に縮まり、1時間7分に短縮されるといわれている。

参考文献

◆『もっと知ればさらに面白い　鉄道雑学256』杉山淳一　リイド社

◆『鉄道駅・路線不思議読本』梅原淳　朝日新聞出版

◆『地下鉄の謎と不思議』谷川一巳　東京堂出版

◆『鉄道路なんでもおもしろ事典』浅井建爾　東京堂出版

◆『[図解]地図と歴史で読み解く！　鉄道のひみつ―幕末の鉄道計画からリニア中央新幹線まで』日本の鉄道愛好会　PHP研究所

◆『世界で一番おもしろい鉄道の雑学』櫻田純／監修　青春出版社

◆『駅のはなし　明治から平成まで』交建設計・駅研グループ（交通研究協会）　成山堂書店

◆『大手私鉄比較探検　東日本編　首都圏10社の車両・ダイヤ・ターミナル……』広岡友紀　JTBパブリッシング

◆『鉄道乗車術　乗り鉄のための完全マニュアル』結解喜幸　イカロス出版

◆『鉄道用語事典』久保田博　グランプリ出版

◆『図解雑学日本の鉄道』西本裕隆　ナツメ社

◆『駅名の「謎」　駅名にまつわる不思議な話』所澤秀樹　山海堂

◆『高速鉄道物語　その技術を追う』（社）日本機械学会／編　成山堂書店

STAFF

編集　住友光樹（株式会社 G.B.）

編集・原稿協力　オフィスキング、
鼠入昌史（Office Ti+ ＜オフィスチタン＞）、
高橋哲也

カバーデザイン　森田千秋（G.B.Design House）

本文デザイン・DTP　くぬぎ太郎（TAROWORKS）

地図制作　くぬぎ太郎、野口暁絵（TAROWORKS）

写真提供

Urban eXpress Museum(http://uxm.jp) ／日本に、もっと恋する旅／日本の旅・鉄道見聞録／北海道人の独り言 http://makiken.at.webry.info ／日本の鉄道路線制覇への挑戦！／ web サイト鉄道雑学研究所北陸支所／奥井 卓也／ A.D. ／宮田幸治／株式会社フォトライブラリー

杉山淳一 Junichi Sugiyama

1967年東急池上線沿線生まれ。京急本線沿線在住。パソコン系出版社勤務を経て1996年からフリーライター。主に鉄道、コンピューターゲームの分野で活躍。Webメディアでコラム連載多数。ゲーム『A列車で行こう』シリーズのガイドブックなどを執筆。鉄道旅行情報サイト『汽車旅のしおり』を運営。近著に『ぼくは乗り鉄、おでかけ日和。日本全国列車旅、達人のとっておき33選』(幻冬舎)など。

知られざる 鉄道路線の謎

2015年12月22日　第1刷発行

監修　杉山淳一
発行人　蓮見清一
発行所　株式会社宝島社
〒102-8388　東京都千代田区一番町25番地
営業03(3234)4621
編集03(3239)0928
http://tkj.jp
振替:00170-1-170829 ㈱宝島社

印刷・製本　株式会社光邦

ISBN978-4-8002-4870-1